Softwareprojekte erfolgreich managen

Wilfried Klemmer

Softwareprojekte erfolgreich managen

Grundlagen, Methoden und Praxishilfen für Auftraggeber

Wilfried Klemmer
Kerpen-Türnich
Deutschland

ISBN 978-3-658-05597-4   ISBN 978-3-658-05598-1 (eBook)
DOI 10.1007/978-3-658-05598-1

Die Deutsche Nationalbibliothek verzeichnet diese Publikation in der Deutschen Nationalbibliografie;
detaillierte bibliografische Daten sind im Internet über http://dnb.d-nb.de abrufbar.

Springer Gabler
© Springer Fachmedien Wiesbaden 2014

Springer Gabler ist eine Marke von Springer DE. Springer DE ist Teil der Fachverlagsgruppe Springer
Science+Business Media
www.springer-gabler.de

Vorwort

Softwareprojekte sind in Unternehmen und Behörden nicht sonderlich beliebt. Obwohl die Bedeutung einer softwaremäßigen Unterstützung der Unternehmensprozesse nicht mehr infrage gestellt wird, würde man am liebsten die dazu notwendigen Projekte vermeiden. Sie haben kein gutes Image. Woran liegt das?

Softwareprojekte stellen zusätzliche Belastungen dar und lenken so vom Kerngeschäft ab. Der wahrscheinlich wichtigste Grund aber für die mangelnde Beliebtheit sind die Risiken, die sie mit sich tragen.

Wissenschaftliche Untersuchen bestätigen Softwareprojekten ein recht hohes Risiko des Scheiterns. Gemeinhin werden die Lieferanten und die Software selbst für diesen Umstand verantwortlich gemacht. Die Wahrheit sieht aber anders aus.

Angesichts der Investitionen und Folgewirkungen, die ein Softwareprojekt mit sich bringt, muss es im Interesse des Unternehmens liegen, diese Risiken zumindest zu minimieren, wenn nicht sogar abzustellen. Nach über 20jähriger Erfahrung mit Softwareprojekten behaupte ich:

Softwareprojekte sind mit einem Risiko nahe Null zu realisieren!

Vom Prinzip her ist der Lösungsweg hierfür recht einfach. Es gibt genügend Studien über die Ursachen des Scheiterns dieser Projekte. Entwickelt man jetzt zielstrebig Lösungskonzepte für diese Problemursachen, lassen sich Softwareprojekte nach einem fest definierten Schema in analytischer Weise bearbeiten.

Mit diesem Wissen, der methodischen Kompetenz und entsprechenden Praxiserfahrungen lassen sich alle Softwareprojekte zu einem guten Ende bringen!

Mehr noch. Das in diesem Buch vorgestellte Lösungsszenario bringt den Auftraggeber in die herrschende und steuernde Position in der Projektrealisierung, ohne dass dem Auftragnehmer seine Verantwortung für die Durchführung genommen wird. Dies alles ist aber nicht ohne eigene Arbeit machbar. Allerdings kann sie so organisiert und optimiert werden, dass nur absolut notwendige Maßnahmen durchgeführt werden müssen und durchgeführte Arbeiten mehrfach verwendet werden können.

Nach meiner Erfahrung hätte eine Vielzahl von Projekten zum Erfolg führen können, wenn der Auftraggeber eine passende Methodik und entsprechendes Wissen um das Projektmanagement gehabt hätte. Da aber Manager wie Mitarbeiter die Aufgabe des Softwareprojektmanagements gravierend unterschätzen, kommt es zu den dargelegten

Fehlentwicklungen. Mitarbeiter werden von ihren Vorgesetzten ohne spezielle Ausbildung zu Projektmanagern ernannt und beide glauben auch noch, diese Aufgabe neben der normalen Arbeitstätigkeit sachgerecht erledigen zu können.

Erst wenn das Projekt Probleme bereitet oder sogar scheitert, beginnt man im positiven Fall mit der Ursachenforschung. Dann wächst das Bewußtsein für die Komplexität des Projektes und die Qualifikationsanforderung an einen Projektmanager.

Das ist dann die Situation, in der man sich professioneller Hilfe besinnt. Ein Projekt wieder „auf Kurs" zu bringen, ist aber bedeutend aufwändiger, als es direkt mit den richtigen Mitteln und den dafür qualifizierten Personen zu realisieren. Außerdem wird nicht mehr die Inhaltsqualität erreicht, die man bei fachgerechter Bearbeitung bekommen hätte. Das liegt an Festlegungen, die im Laufe der Projektrealisierung getroffen wurden und nun nicht mehr umkehrbar sind.

Da die meisten Auftraggeber keine ausgebildeten und spezialisierten Projektmanager vorhalten können, benötigen sie eine Unterstützung, die ihnen bei der Realisierung von Softwareprojekten hilft. Genau das ist die Zielsetzung dieses Buches. Es ist mein persönliches Anliegen, beim Leser Transparenz über Ursachen und Zusammenhänge herzustellen. Sodann wird eine Methode vorgestellt, wie man das Projektmanagement systematisch und nachvollziehbar aufbauen kann. Zusätzlich gibt es Hinweise auf kritische Punkte im Projektgeschäft und Tipps und Verfahrensvorschläge, wie die Projektrisiken vermieden werden können.

Methodik und Verfahren sind über viele Jahre in Groß- und Kleinprojekten erprobt und ständig optimiert worden, so dass dem Leser praxiserprobte Lösungen zur Verfügung stehen. Naturgemäß ersetzt das Studium dieses Buches nicht die Erfahrung eines Projektmanagers, aber der Leser findet viele Hilfen und Anregungen, wie er mit bestimmten Projektsituationen umgehen kann.

Auch wenn viele Darstellungen und Entwicklungen leicht einzusehen sind, liest sich eine vorgeschlagene Methodik oder Vorgehensweise wesentlich leichter, als sie tatsächlich in der Praxis umzusetzen sind. Es gehört schon eine gewisse Übung und Vertrautheit mit Methodik und Werkzeugen dazu, um routiniert und praxisicher ein Projekt zu steuern. Deshalb wird dazu geraten, sich sukzessiv Methoden und Werkzeuge zu erarbeiten und sich allmählich in immer größere Projektverantwortung zu begeben.

Dieses Buch wendet sich primär an die Projektverantwortlichen der Auftraggeber. Aber auch den Managern des Unternehmens werden die Darstellungen helfen, mehr Transparenz in die Zusammenhänge des Softwareprojektmanagements zu bekommen. Für Einkäufer sind die Kapitel über die Ausschreibung und Vertragsabwicklung von besonderem Interesse.

Selbst wenn man noch so viele Projekte realisiert hat: ein jedes bietet wieder neue Situationen und Überraschungen, für die man dann vielleicht die passenden Hilfen vermisst. Dann rate ich zum Gedankenaustausch. Gerne bin ich zu diesem Dialog bereit und auch für Kritik und Anregungen offen!

Ich wünsche allen Lesern viel Erfolg in der Projektarbeit. Möge dieses Buch Ihnen eine echte Hilfe bei der täglichen Arbeit sein!

Kerpen, im Januar 2014   Wilfried Klemmer

Inhaltsverzeichnis

Einleitung

Rationelle Unternehmensabläufe sind heutzutage nur noch mit Einsatz passender Softwaresysteme möglich. Durch den Versuch, immer mehr Prozesse mit Softwareapplikationen zu unterstützen, und die ständige Weiterentwicklung der Softwaretechnologie sind die Unternehmen zu kontinuierlichen Anpassungen gezwungen.

Regelmäßig, in mehr oder weniger großen Zeitabständen kommt es so zu Softwareprojekten. Diese Projekte beinhalten relativ große Investitionen für das Unternehmen. Prinzipiell sind damit folgende Aufwände verbunden:

- Spezifikation der Softwareanforderungen;
- Durchführung des Ausschreibungsverfahrens;
- Softwarelizenzen und Softwarewartung;
- Beschaffung geeigneter Hardware;
- Projektmanagement;
- Einführung der neuen Software;
- Lieferkontrollen, Abnahmeverfahren und Qualitätsmanagement;
- Schulungskosten und Mitarbeiterqualifikation;
- Datenersterfassung und/oder Datenmigration.

Mit der Entscheidung für ein Softwaresystem geht das Unternehmen auch eine gewisse Bindung an den Lieferanten der Software ein. Aufgrund meist nicht vorhandener Standards kann man bei auftretenden Schwierigkeiten nicht einfach zu einem anderen Produkt wechseln. Zum Teil sind auch die Datenmodelle und Datenstrukturen der Software nicht offengelegt, so dass eine Migration zu einem anderen System erschwert und die Bindung an das Produkt verstärkt wird.

Softwareprojekte ziehen mithin nicht nur große Investitionen nach sich; sie führen auch zumindest zu einer mittelfristigen Bindung an das Produkt. Damit wird klar, dass diese Projekte einer hohen Sorgfalt in ihrer Realisierung bedürfen.

W. Klemmer, *Softwareprojekte erfolgreich managen,*
DOI 10.1007/978-3-658-05598-1_1, © Springer Fachmedien Wiesbaden 2014

Wie verschiedene Studien zeigen, haben Softwareprojekte ein hohes Realisierungsrisiko. Unterschiedliche Ursachen sind dafür verantwortlich, auf die noch genauer eingegangen wird.

Es lohnt sich also, Maßnahmen zu ergreifen, die das Risiko des Scheiterns zumindest minimieren, im Idealfall eliminieren.

Gemeinhin wird für das Scheitern eines Softwareprojektes die Software selbst oder der Lieferant verantwortlich gemacht. Die genaue Analyse zeigt aber, dass vielerlei Einflussfaktoren den Erfolg oder das Scheitern eines solchen Projektes bewirken. Ein maßgeblicher Punkt ist das Projektmanagement. Auftraggeber wie Auftragnehmer stehen hier in der Pflicht, durch geeignete Maßnahmen den Erfolg zu sichern.

Standardmäßig übertragen Auftraggeber die Projektverantwortung auf Auftragnehmer. Insofern ist zunächst nicht ersichtlich, dass ein Auftraggeber maßgeblichen Einfluss auf den Erfolg haben soll. Im umgekehrten Fall bedeutet dies ja dann auch: der Auftraggeber ist maßgeblich für ein Scheitern eines Projektes verantwortlich. Um den Einfluss des Auftraggebers auf ein Softwareprojekt zu beleuchten, muss man die Thematik genauer analysieren.

Ein Projekt lässt sich in zwei Hauptphasen unterteilen:

- Vorbereitende Projektaufgaben und
- Realisierende Projektaufgaben.

Vorbereitende Projektaufgaben sind alle Maßnahmen, die zum Zweck einer Ausschreibung und Vergabe durchgeführt werden müssen. Naturgemäß sind Softwarelieferanten in dieser Projektphase noch gar nicht eingebunden. Selbst bei Übertragung dieser Arbeiten an einen Dienstleister muss der Auftraggeber sich allein schon aus Controllinggründen mit dem Projekt beschäftigen.

Realisierende Projektaufgaben sind alle Maßnahmen, die nach der Vergabe des Projektes stattfinden. Selbst wenn der Auftragnehmer jetzt in der Projektverantwortung steht, verbleiben beim Auftraggeber immer noch Mitwirkungspflichten. Darüber hinaus liegt es in seinem Interesse, die Qualität der Lieferungen, die anfallenden Kosten und den Terminplan zu kontrollieren. Allein schon die Aufgabenverteilung macht deutlich, dass der Auftraggeber einen maßgeblichen Anteil am Erfolg oder Mißerfolg eines Projektes hat.

Nicht immer entspricht die Realisierungsqualität, die ein Dienstleister liefert, den Erfordernissen des Projektes. Der Auftraggeber muss solche Tendenzen frühzeitig erkennen und Maßnahmen zur Verbesserung des Projektes einleiten. Im Extremfall ist dies sogar die Rückabwicklung.

Wie gestaltet sich nun erfolgreiches Management von Softwareprojekten? Folgende Punkte sind hierzu erforderlich:

- Transparenz über die (Kritischen) Erfolgsfaktoren des Softwareprojektmanagements;
- Methodik zur praktischen Realisierung;
- Wissen, wo standardmäßig Probleme und Schwierigkeiten im Projekt auftauchen und
- Maßnahmen, wie man diese Schwierigkeiten beseitigt.

Das vorliegende Buch beschäftigt sich nun in der dargestellten Systematik mit den Maßnahmen, die ein Auftraggeber durchführen sollte, um sein Softwareprojekt erfolgreich ab-
zuschließen.

Zunächst wird analysiert, was ursächlich für den Erfolg bzw. das Scheitern von Softwareprojekten verantwortlich ist.

Mit diesem Wissen wird eine geschlossene, aufeinander aufbauende Methodik entwickelt, wie ein Softwareprojekt zweckmäßig zu realisieren ist. Neben der Methodik werden
praxiserprobte Werkzeuge vorgestellt, die die Vorgehensweise effektiv unterstützen.

Schließlich wird der gesamte Projektzyklus eines Softwareprojektes behandelt, auf praktische Probleme aufmerksam gemacht und Maßnahmen aus einer 25jährigen Erfahrung
mit Softwareprojekten vorgestellt, die dem Projektmanager helfen, Probleme zu lösen.

1.1   Softwareprojekte aus Unternehmenssicht

Rationelle Arbeitsprozesse sind ohne Softwareunterstützung nicht mehr vorstellbar. Insofern ist es nicht verwunderlich, dass Softwareapplikationen einen immer größeren Raum
in Unternehmen einnehmen. Während zunächst einzelne Anwendungen mit Software unterstützt wurden, rückt nunmehr immer stärker deren Integration in den Vordergrund.
Gleichzeitig wird aber auch die Prozessunterstützung weiter optimiert und bestehende
Software durch neue Produkte ersetzt.

So kommt es, dass sich Unternehmen regelmäßig mit Softwareprojekten auseinander-
setzen müssen. Da diese Projekte nur mittelbar das Kerngeschäft unterstützen, werden sie
oft als „notwendiges Übel" eingestuft. Man ist bestrebt, mit möglichst geringem Aufwand
das Projekt zu erledigen. Die mentale Einstufung dieser Projekte als „Nebensächlichkeit"
hat allerdings fatale Konsequenzen. Die Komplexität, die Bedeutung, die (finanziellen)
Aufwände und die Folgewirkungen werden gravierend unterschätzt. Dementsprechend
finden Softwareprojekte nicht die Aufmerksamkeit und die Behandlung, die ihnen zuste-
hen müsste.

Das bleibt nicht ohne Folgen! Softwareprojekte haben ein hohes Realisierungsrisiko.
Wissenschaftliche Analysen haben ergeben, dass weit mehr als die Hälfte aller Softwareprojekte scheitern. In der Literatur ist diese Quote belegt (Standish Group 72 %, OASIG Studie
80 %, Schweizerische Bundesanstalt für Berufsbildung und Technologie > 50 %).

Zwei wichtige Kriterien werden falsch eingeschätzt:

• der Aufwand für ein Softwareprojekt und
• die fachliche Kompetenz und Erfahrung, die notwendig ist, um ein Projekt erfolgreich
  zu führen.

Man muss sich nur einmal die Aufwendungen vor Augen führen, deren es zum Praxisbetrieb einer Softwarelösung bedarf. Will man in sachgerechter Weise zu einer für eine
Anwendung passenden Softwarelösung kommen, sind folgende Schritte unerlässlich:

- Spezifikation der angestrebten Lösung
  Um wirklich vergleichbare Angebote zu bekommen, muss genau definiert werden, was
  eine angestrebte Softwarelösung leisten soll. Die Spezifikation dient auch mit als Vertragsgrundlage und legt damit die Leistung fest, die vom Auftragnehmer zu erbringen
  ist. Letztlich wird auf ihrer Basis die Kontrolle der beigebrachten Auftragnehmerleis-
  tung durchgeführt.
  Hier wird deutlich, welche fundamentale Bedeutung die Spezifikation der Anforderungen hat. Sie muss so abgefasst sein, dass eindeutig, genau und widerspruchsfrei der
  Anspruch des Auftraggebers gegenüber dem Auftragnehmer festgelegt ist. Eine Spezifikation, die den oben erwähnten Ansprüchen nicht genügt, führt mit hoher Wahrscheinlichkeit zu „Schwierigkeiten" im Projekt.
- Durchführung einer Ausschreibung
  Aufgrund von gesetzlichen oder Complianceregelungen ist ein Unternehmen normalerweise zu einer Ausschreibung verpflichtet. Hierfür gelten nicht unerhebliche Verfah-
  rensvorschriften, die zu entsprechenden Aufwänden führen.
- Vertragsabschluss
  Verträge zur Realisierung einer Softwarelösung sind eine Spezialdisziplin im Vertrags-
  wesen. Die meisten Unternehmen haben hierfür keine Vorlagen, an denen sie sich orientieren können. Um die Rechtsposition des Auftraggebers gegenüber Auftragnehmern
  zu sichern, müssen dedizierte Vertragsgrundlagen geschaffen werden, die auf die Besonderheiten von Softwareprojekten eingehen. Rechtliche Unterstützung können hierbei nur spezialisierte Rechtsanwaltskanzleien liefern.
- Projektmanagement
  Selbst wenn die Verantwortung für das Projekt an den Auftragnehmer übertragen wurde, ist die Installation eines eigenen Projektmanagers für den Auftraggeber unerlässlich.
  Der Projektmanager muss die vorbereitenden Maßnahmen durchführen, die Aufgaben
  der Auftraggeber koordinieren, das Projekt controllen und die Kommunikation mit
  dem Auftragnehmer herstellen.
- Feinspezifikation
  Wenn der Auftrag an einen bestimmten Auftragnehmer vergeben ist und damit die
  Software feststeht, die zur Realisierung kommt, müssen die Anforderungen, die generell
  gestellt wurden, an die Gegebenheiten des eingesetzten Systems angepasst bzw. konkre-
  tisiert werden. Hierzu ist die Mitwirkung des Auftraggebers an der Feinspezifikation
  erforderlich.
- Abnahmen
  Zu den vertraglich festgesetzten Terminen muss der Auftragnehmer die definierten
  Leistungen in der vorgeschriebenen Qualität bereitstellen. Bevor der Auftraggeber hier-
  für die vereinbarte Summe auszahlt, muss er kontrollieren, ob die beigebrachte Leistung
  den definierten Anforderungen entspricht.
- Projektcontrolling
  Der Projektleiter muss sich ständig vergewissern, ob sich das Projekt im vereinbarten
  Zeit- und Kostenplan befindet.

- Qualitätsmanagement
  Für sämtliche Arbeiten im Projekt muss ein Qualitätsmanagement definiert und umgesetzt werden.
- Organisatorische Veränderungen
  Die optimale Nutzung neuer Software ist ohne organisatorische Anpassung der betrieblichen Prozesse nicht möglich. Dementsprechend müssen Software, Arbeitsprozesse und die Organisation des Auftraggebers in Einklang gebracht werden.
- Datenersterfassung und/oder Datenmigration
  Für die praktische Anwendung ist das System nur lauffähig, wenn es mit Daten befüllt ist. Diese Daten kommen entweder aus Ersterfassungskampagnen oder aus der Migration von Daten aus bestehenden Systemen in das neue System.

Neben diesen Aufwänden kommen folgende Kosten hinzu für:

- Softwarelizenzen
  Lizenzkosten fallen an für
  - die Anwendungssoftware,
  - Basissoftwareprodukte (Datenbank, Grafik u. ä.),
  - Integrierte Fremdsoftware
- Software-Entwicklungskosten
  Entwicklungen sind u. U. nötig
  - zur Herstellung einer speziell gewünschten Funktionalität,
  - für Schnittstellen
  - für die Integration von Anwendungen oder die Integration in Anwendungen
  - die Anpassung bestehender Anwendungen zur Integration mit der neuen Software
- Wartungskosten
  Die beschaffte Software muss ständig dem neuesten Stand angepasst werden. Hierfür ist der Abschluss eines Wartungsvertrages notwendig.
- Hardwarebeschaffung
  Neue Anwendungen erfordern oft die Beschaffung neuer Hardware.
- Dienstleistungen des Anbieters
  Zu den Dienstleistungen des Auftragnehmers zählen:
  - Softwareinstallation
  - Softwareanpassung (Customizing)
  - Dokumentation
  - Projektmanagement
  - Durchführung von Schulungen
  - Datenanalysen, -verbesserungen und -übernahmen (Migrationen)
  - Datenerfassungen
- Systempflege
  Das neu aufgebaute System bedarf der Pflege und Administration.

- Schulung und Qualifikation der Mitarbeiter
  Die Mitarbeiter müssen für die Arbeit am System geschult werden. Eventuell werden
  auch Zusatzqualifikationen erforderlich, die ein Mitarbeiter erwerben muss.
- Bereitstellung von Mitarbeitern
  Je nach Art des Softwareprojektes müssen für den späteren Praxisbetrieb qualifizierte
  Mitarbeiter bereitgestellt werden.

Diese Aufstellung macht deutlich, welcher Aufwand mit der Realisierung eines Soft-
wareprojektes verbunden ist. Während die meisten Punkte einmaliger, projektspezifischer
Natur sind, sind Wartungskosten und Systempflege auch noch ständig wiederkehrende
Aufwände.

Ferner muss die Bindung bedacht werden, die man mit der Realisierung einer Softwarelösung eingeht. Aufgrund mangelnder Standards kann man nicht einfach bei Unzu-
friedenheit die Software austauschen. Der Idealfall, dass Software und Daten standardi-
siert und unabhängig voneinander sind, ist tatsächlich nicht gegeben. Dies führt zu einer
Bindung an die Softwarelösung, weil ein Umstieg auf ein anderes Produkt wieder Aufwände im oben dargestellten Ausmaß auslösen würde.

Spätestens jetzt wird deutlich, welche enormen Investitionen einmalig und kontinuierlich getätigt werden müssen um eine Softwarelösung zu realisieren. Das Scheitern eines
solchen Projektes bringt hohe Verluste für das Unternehmen. Umgekehrt profitiert das
Unternehmen langfristig von einem erfolgreichen Projekt. Gute Softwarelösungen haben
eine Lebensdauer im Unternehmen von bis zu 20 Jahren und mehr.

Von besonderer Bedeutung ist auch der spezielle Charakter eines Softwareprojektes.
Selbst allgemein oder speziell für andere Fachthemen ausgebildete Projektmanager können ihr Wissen und ihre Erfahrung nur teilweise auf Softwareprojekte übertragen. Wer
Bauprojekte gut führt, hat noch längst keine Garantie, dass ihm auch ein Softwareprojekt
gelingen wird.

Angesichts der Aufwände für ein Softwareprojekt und der Lebensdauer von Softwareapplikationen kann man sich mangelhafte Projektergebnisse eigentlich nicht leisten.
Die praktische Erfahrung zeigt aber, dass sich Unternehmen erst dann ernsthaft um Ursachenforschung und qualifizierte Unterstützung bemühen, wenn „das Kind in den Brunnen
gefallen ist". Es lohnt sich also, genauer die Zusammenhänge zu analysieren, um daraus
Maßnahmen abzuleiten, wie Softwareprojekte erfolgreich realisiert werden können.

1.2 Erfolgsfaktoren von Softwareprojekten

Welche Faktoren beeinflussen den Erfolg oder Misserfolg von Softwareprojekten?
Einig sind sich Anwender beim Misserfolg von Projekten. Die am häufigsten benannte
Ursache für gescheiterte Softwareprojekte liegt ihrer Meinung nach bei den Softwareliefe-
ranten und der Software selbst. Wissenschaftliche Analysen von Selin, Gunnar und May

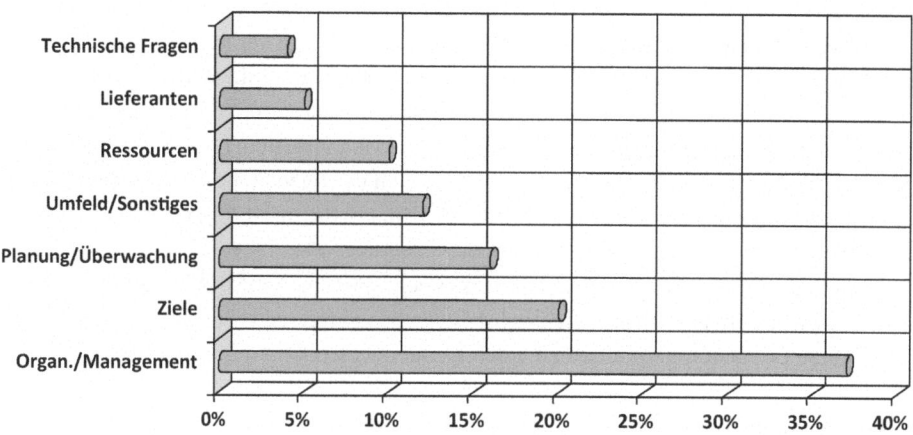

Abb. 1.1 Gründe für den Erfolg und das Scheitern von Softwareprojekten

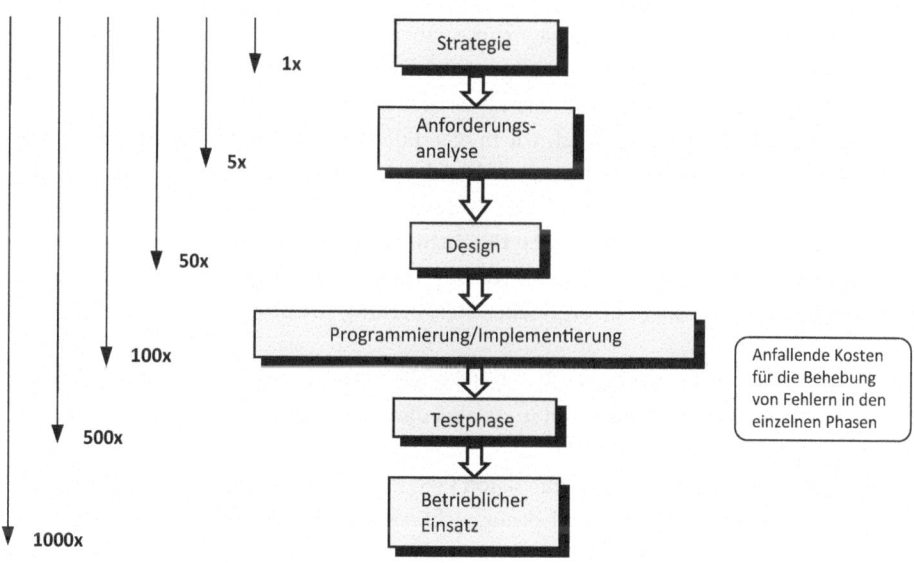

Abb. 1.2 Kosten für die Behebung von Fehlern

zeigen aber ein ganz anderes Bild (Abb. 1.1). Softwarelieferanten und die Software selbst sind tatsächlich relativ selten für den Erfolg bzw. das Scheitern von Softwareprojekten verantwortlich.

Vielmehr liegen die Hauptursachen im Projektmanagement (Zieldefinition, Management, Planung und Überwachung). Weitere wichtige Hinweise auf eine sinnvolle Entwicklung von Softwareprojekten liefert eine Analyse der Fa. Oracle (Abb. 1.2).

In Anlehnung an ein 6stufiges Entwicklungsmodell für Softwareprojekte wurde untersucht, welche Kosten für die Behebung von Fehlern entstehen. Links sind die Kostenfaktoren dazu eingetragen. Wenn also erst in der Phase der Programmierung festgestellt wird, dass die eingeschlagene Strategie fehlerhaft war, muss man mit dem hundertfachen der bereits getätigten Aufwände rechnen, um wieder in den richtigen Stand zu kommen. Würde man in dieser Phase einen Fehler im Design merken, müsste immerhin noch das Doppelte des bisherigen Aufwandes investiert werden.

Die Praxis zeigt, dass diese Angaben keineswegs unrealistisch sind. Sie spiegeln wirklich die kostenmäßigen Risiken, die das Scheitern von Projekten verursacht.

All diese Betrachtungen führen zu den folgenden wesentlichen Erkenntnissen:

- **Der Auftraggeber hat einen sehr hohen Einfluss auf den Erfolg eines Softwareprojektes!**
  Dies ergibt sich zwingend, wenn man den Aufgabenanteil des Auftraggebers an einem Softwareprojekt betrachtet. Die erste Hauptphase (vorbereitende Projektaufgaben) muss er völlig alleine bestreiten. In der zweiten Hauptphase geht zwar die Verantwortung für das Projekt an den Auftragnehmer, aber für den Auftraggeber verbleiben Mitwirkungs- und Kontrollpflichten. Insgesamt ist also der Aufgabenanteil des Auftraggebers an einem Softwareprojekt höher als der des Auftragnehmers.
  Im weiteren Verlauf wird gezeigt, wie prägend die Vorarbeiten auf die Gestaltung und Abwicklung des Projektes wirken und dass der Auftraggeber letztlich die Führung im Projekt nie abgeben kann, wenn er das Projekt erfolgreich steuern möchte.
- **Angesichts der hohen Investitionen für ein Softwareprojekt, dessen Folgewirkungen und der Notwendigkeit, häufiger Softwareprojekte durchführen zu müssen, lohnt es sich, eine Systematik zur erfolgreichen Bearbeitung zu entwickeln.**

Durch die Kenntnis der Kritischen Erfolgsfaktoren muss nun ein Weg gefunden werden, wie man Softwareprojekte entwickelt und dabei die auftretenden Risiken zumindest minimiert, im Idealfall sogar ausschaltet.

Da Softwareprojekte, wie der Name schon sagt, Projektcharakter haben und damit individuelle Züge tragen, kann die Bearbeitung nicht nach einer starren Regelung erfolgen. Sie muss eine Abstraktionsstufe höher und methodisch gelöst werden. Deshalb konzentriert sich jetzt der nächste Schritt auf die methodische Lösung eines Softwareprojektes.

Das mag dem Leser zunächst sehr abstrakt erscheinen. Diese Methodik liefert ihm aber das logische Gerüst, mit dem jedes Softwareprojekt bearbeitet werden kann. Damit hat er auf der methodischen Ebene eine genaue Vorgehensweise, wie das Projekt durchgeführt werden muss.

Im Folgekapitel wird auf die praktische Umsetzung eingegangen. Sie wird mit Lösungsvorschlägen und Tipps zu typischen Praxisproblemen ergänzt.

Weiterführende Literatur

Klemmer, Wilfried: GIS-Projekte erfolgreich durchführen Bernhard Harzer Verlag 2003

Klemmer Wilfried: Die Beschaffung von Software – Tipps und Hintergründe http://www.r-plus-s-consult.de/de/Ratgeber/index.php

Klemmer Wilfried: Softwareprojekte erfolgreich realisieren http://www.r-plus-s-consult.de/de/Ratgeber/index.php

Pinto, J.K. Mantel, S. J., Jr. : The causes of project failure Engineering Management, IEEE Transactions on , vol.37, no.4, pp. 269,276, Nov 1990

Selin, G., Selin, M.: Reason for project management failure inmultiproject environment using matrix organization. In Proceed-ings of 11th International Project Management CongressINTERNET. 1992. Florence.

Yeo, K. T.: Critical failure factors in information system projects International Journal of Project Management 20 (2002) 241–246

Zeidler, Nicolas: Krise lässt IT-Projekte scheitern http://www.cio.de/it_berater/nachrichten/889437/ 1999

Methodische Entwicklung des Softwareprojektmanagements

2

2.1 Darstellung von Abläufen

Im Zusammenhang mit dem Softwareprojektmanagement wird eine Reihe von Abläufen behandelt. Es ist sehr hilfreich und übersichtlich, die Folge der Prozessschritte eines Arbeitsablaufs grafisch darzustellen. Dafür bieten sich Ablaufdiagramme an (Abb. 2.3 bis Abb. 2.5).

Je nach Zweckmäßigkeit und beabsichtigter Detailtiefe kann von den verschiedenen Darstellungsarten Gebrauch gemacht werden. In diesem Buch werden die vorgestellten Darstellungsformen auch genutzt. Dabei gilt folgende Symbolik (Abb. 2.1):

Je nach Detailtiefe sind unterschiedliche Arten von Ablaufdiagrammen nützlich. Die einfachste Form bilden Darstellungen der sequentiellen Abfolge von Prozessen (Abb. 2.2).

Die sequentielle Darstellung kann um Entscheidungswege ergänzt werden (Abb. 2.3).

Diese Form der Darstellung kann noch durch den Dateninput und –output zu jedem Prozessschritt erweitert werden (Abb. 2.4).

In Abb. 2.5 erfolgt die Darstellung nach dem EVA-Prinzip (Eingabe, Verarbeitung, Ausgabe).

Je nach Abstraktionsgrad der behandelten Abläufe werden die vorgestellten unterschiedlichen Darstellungsarten genutzt.

2.2 Projektphasen

Softwareprojekte müssen aufgrund einer inneren Logik nach einem sequentiellen Schema bearbeitet werden. Damit ist schon einmal die grobe Richtschnur für die Projektabwicklung vorgegeben. Ausgangspunkt aller Ableitungen bildet nun das Phasenmodell für das Projektmanagement des Auftraggebers für Softwareprojekte. Es werden folgende Phasen mit Teilphasen definiert:

W. Klemmer, *Softwareprojekte erfolgreich managen,*
DOI 10.1007/978-3-658-05598-1_2, © Springer Fachmedien Wiesbaden 2014

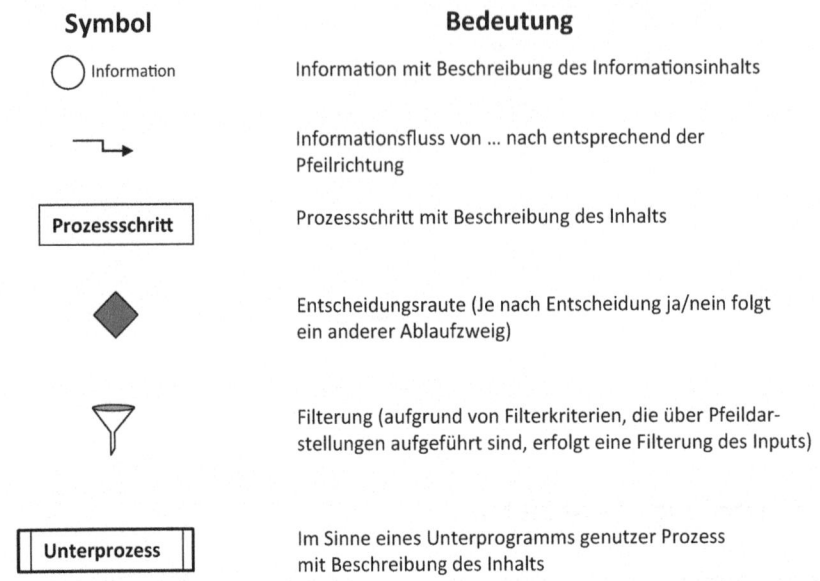

Symbol	Bedeutung
◯ Information	Information mit Beschreibung des Informationsinhalts
⌐→	Informationsfluss von ... nach entsprechend der Pfeilrichtung
Prozessschritt	Prozessschritt mit Beschreibung des Inhalts
◆	Entscheidungsraute (Je nach Entscheidung ja/nein folgt ein anderer Ablaufzweig)
▽	Filterung (aufgrund von Filterkriterien, die über Pfeildarstellungen aufgeführt sind, erfolgt eine Filterung des Inputs)
Unterprozess	Im Sinne eines Unterprogramms genutzer Prozess mit Beschreibung des Inhalts

Abb. 2.1 Legende der Ablaufdiagramme

Abb. 2.2 Sequenzielle Prozessdarstellung

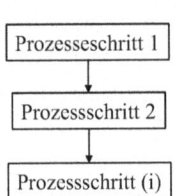

- Vorbereitende Phase, bestehend aus
  - Spezifikation
  - Ausschreibung
  - Angebotsbewertung
  - Vertragsgestaltung
- Realisierende Phase, bestehend aus
  - Projektplanung
  - Feinspezifikation
  - Test- und Abnahme
  - Produktivsetzung

Für jede Teilphase wird ein Vorgehensmodell entwickelt, so dass ein differenziertes Ablaufschema für das Management eines Softwareprojektes entsteht. Dieses Modell ist dem Thema des Buches entsprechend für das Projektmanagement des Auftraggebers entworfen und auch nur für diesen Zweck gültig.

Abb. 2.3 Ablaufdiagramm mit
Entscheidungswegen

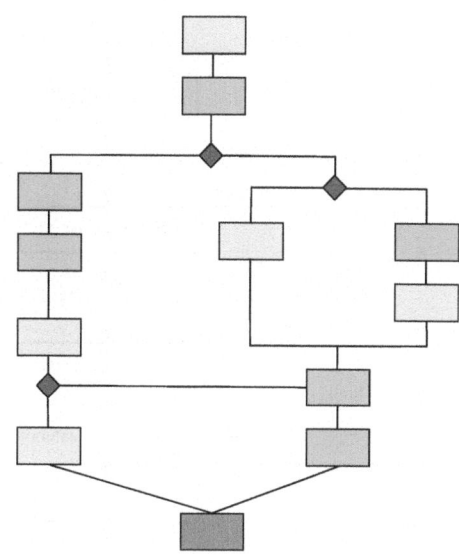

Abb. 2.4 Ablaufdiagramm mit
Datenbehandlung

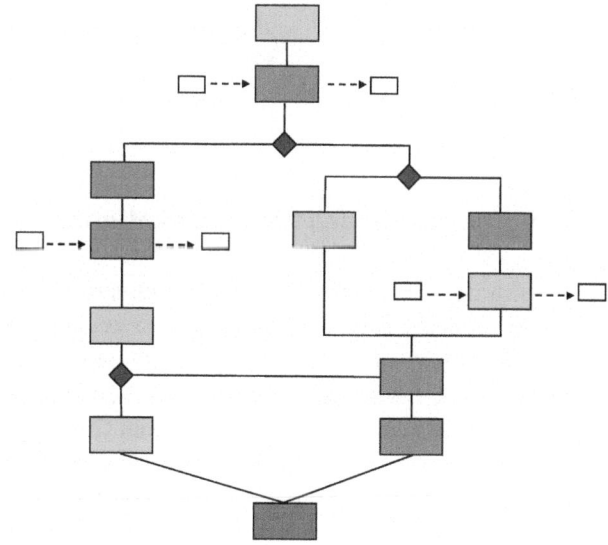

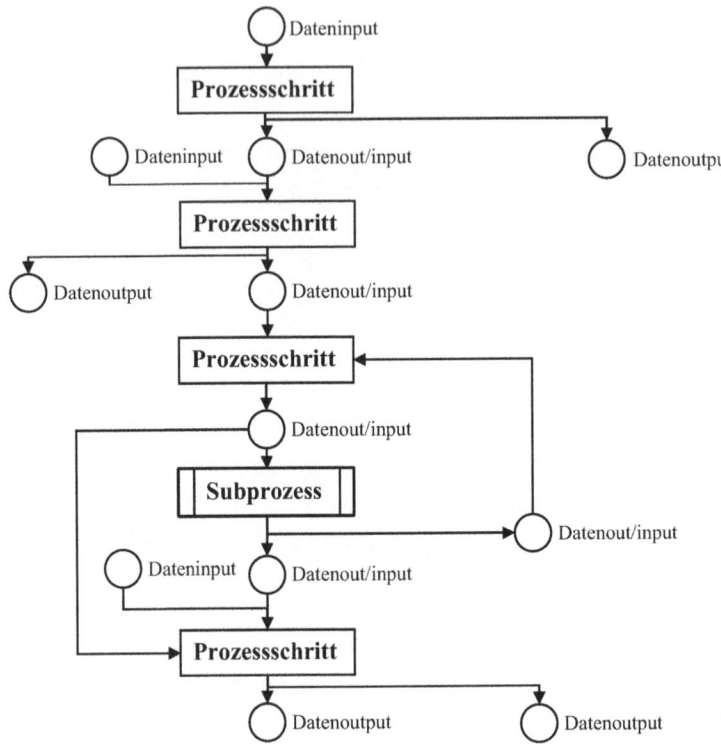

Abb. 2.5 Ablaufdiagramm nach EVA-Prinzip

2.3 Vorgehensmodell für Spezifikationen

Sobald sich die ersten Ideen zu einem Softwareprojekt gefestigt haben, kommt eine Un-
menge von Aufgaben auf den Projektmanager zu. Ein wahlloses Abarbeiten der sich gerade darstellenden Anforderungen führt direkt ins Chaos. Deshalb muss das Projekt nach
einem systematisch aufeinander aufbauenden Konzept bearbeitet werden. Die Idee dieses
hier vorgestellten Konzeptes ist der Aufbau vom Grundlegenden zum Speziellen.

Weiterhin muss das Konzept auf einer nachvollziehbaren Sachlogik basieren. Projektmanagement muss sich aus analytisch fassbaren und möglichst einfachen Regeln aufbau-
en. Hierdurch werden Transparenz und objektive Kriterien für den Projektaufbau und die
Projektsteuerung geschaffen.

Aus Abb. 2.1 wird bereits deutlich: ein maßgeblicher und grundlegender Parameter der
Projektsteuerung ist die Zielsetzung des Projektes. Deshalb steht an erster Stelle der Arbeiten immer die genaue Zielsetzung und Projektdefinition:

Was soll das Softwareprojekt leisten? Als nächstes müssen die Anforderungen an die
Software definiert werden. Wie man das am besten erledigen kann, ergibt sich aus einigen
einfachen Zusammenhängen (Abb. 2.6).

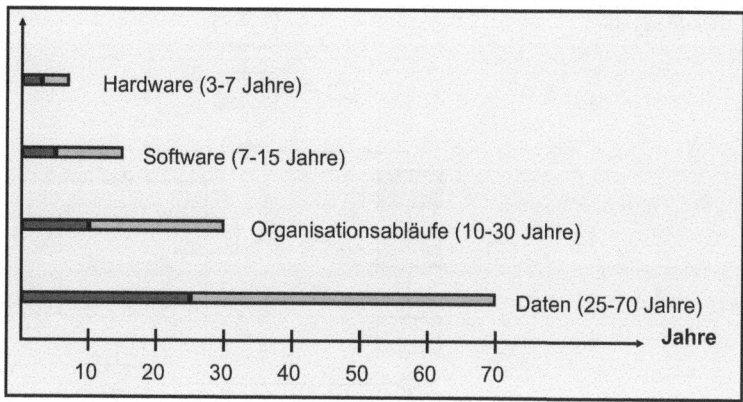

Abb. 2.6 Lebensdauer

In Abb. 2.6 ist die Lebensdauer einiger wichtiger Komponenten für Softwareprojekte dargestellt. Dies führt zu der Idee, die Entwicklung der Anforderungen an die Software an der Komponente abzuleiten, die die längste Lebensdauer hat. Auf diese Weise sichert man eine hohe Nachhaltigkeit für die entwickelten Anforderungen und damit auch eine hohe Stabilität des Softwareproduktes, das diesen Anforderungen ja genügen muss. In diesem Fall wären die Daten – oder genauer gesagt das Datenmodell – die ausschlaggebende Komponente.

Für den nicht speziell geschulten Projektmanager ist das Denken in Datenmodellen fremd und sehr abstrakt. Ihm fällt es viel leichter, in Prozessen zu denken. Diese haben auch eine recht hohe Lebensdauer, so dass sich eine ähnliche Wirkung ergibt, wie vorher beschrieben wurde. Die Herleitung der Anforderungen über die (zukünftigen) Prozesse ist auch noch aus rein praktischer Sicht wertvoll. Dementsprechend werden die Anforderungen an die zu beschaffende Software aus den entwickelten zukünftigen Arbeitsabläufen abgeleitet mit der Frage:

Wie soll die zukünftige Arbeitsweise mit dem Einsatz eines neuen Softwareproduktes aussehen? Praktisch bedeutet dies die geistige Simulation der zukünftigen Arbeitsabläufe. Man stellt sich vor, dass das Softwareprodukt schon eingeführt ist und überlegt, wie dann Schritt für Schritt ein spezielles Thema mit Unterstützung der Software bearbeitet wird. Auf diese Weise werden die zukünftigen Arbeitsprozesse beschrieben. Natürlich beeinflussen die Möglichkeiten der Software und die (Verbesserungs-)Ideen die Arbeitsprozesse, so dass in jedem Fall zum Iststand veränderte Prozesse entstehen. Sie werden grafisch durch Ablaufdiagramme veranschaulicht und textlich beschrieben (Abb. 2.7).

Wenn das zukünftige Prozessmodell entwickelt ist, kann man die genauen Anforderungen an die Software leicht ableiten. Zu jedem Prozessschritt stellt man die Frage:

Was muss die Software leisten, um diesen Prozessschritt sinnvoll zu unterstützen? Auf diese Weise entsteht eine systematische Ableitung aller Anforderungen an die Software

Abb. 2.7 Ablaufdiagramm

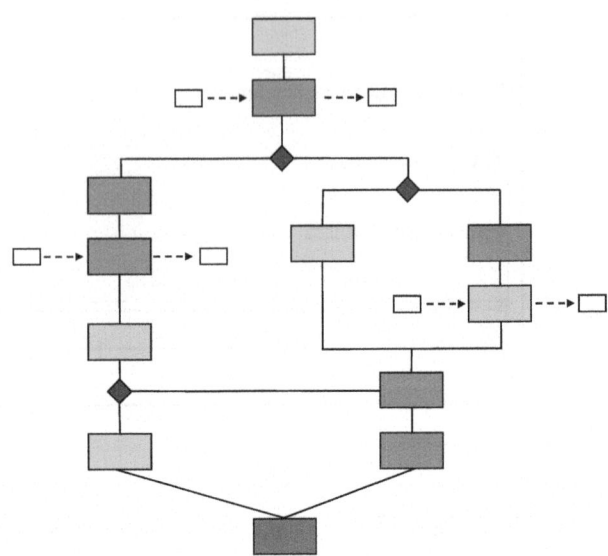

aus den Prozessen. Jedem Prozessschritt lassen sich jetzt Anforderungen bzw. Funktionen zuordnen (Abb. 2.8).

Damit ergibt sich ein ganz einfaches Entwicklungsmodell für die Erstellung von Spezifikationen (Abb. 2.9). Auf der Basis der Ziel- und Projektdefinition werden die zukünftigen Prozesse mit dem Softwaresystem entwickelt. Für jeden Prozessschritt werden die Anforderungen an die Software abgeleitet. Die Ergebnisse jeden Schrittes fließen ein in die Softwarespezifikation.

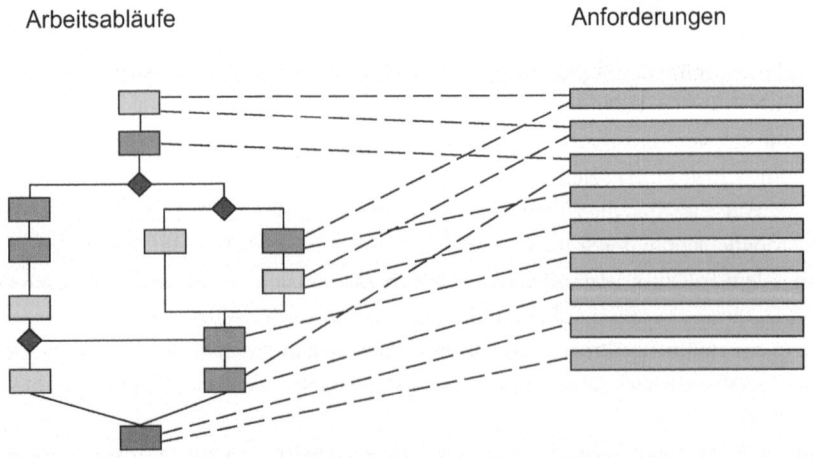

Abb. 2.8 Funktions-/Leistungsspiegelung

Abb. 2.9 Entwicklungsmodell
Softwarespezifikation

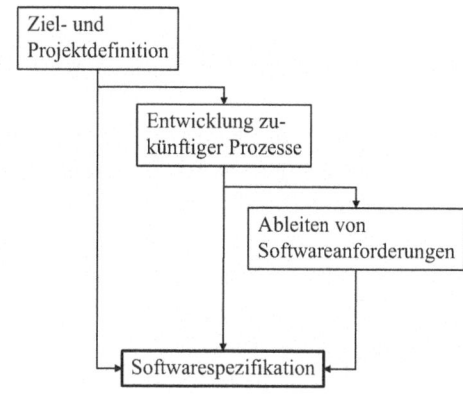

2.4   Modell der Ausschreibung

2.4.1   Ausschreibungsunterlagen

Mit der Erstellung der Softwarespezifikation ist der größte Anteil der Arbeiten für eine
Ausschreibung erledigt. Das eigentliche Ausschreibungsdokument muss allerdings noch
um folgende Themen ergänzt werden (Abb. 2.10):

- Iststand;
- Ausschreibungstechnische Angaben;
- Vertragliche Anforderungen und
- Preisliste.

2.4.1.1   Darstellung des Iststandes

Um dem Auftragnehmer eine sachgerechte Kalkulation seines Angebots zu ermöglichen,
muss ihm der Iststand mitgeteilt werden. Schließlich muss er abschätzen können, welche
Maßnahmen notwendig sind, um vom Ausgangsstand in den Stand zu kommen, der in der
Ausschreibung beschrieben ist. Hierunter fallen folgende Themen:

- Angaben zum Unternehmen des Auftraggebers;
- derzeitige prozessuale Behandlung des Themas, das durch die Software unterstützt werden soll;

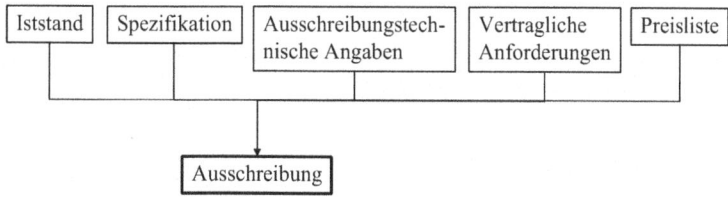

Abb. 2.10 Modell der Ausschreibung

- derzeitige IT-Ausstattung und IT-Unterstützung des Themas;
- vorhandene Datensammlungen, Dateien und/oder Datenbanken.

2.4.1.2 Ausschreibungstechnische Angaben

Die ausschreibungstechnischen Festlegungen umfassen alle Angaben, die das Ausschreibungsverfahren charakterisieren. Dies sind:

- Art des Ausschreibungsverfahrens;
- Form- und Terminvorgaben;
- Angebotsgestaltung;
- Inhaltliche Anforderungen an das Angebot;
- Grundsätze für die Angebotsbewertung.

2.4.1.3 Vertragliche Anforderungen

Wie später noch dargelegt wird, kommt den vertraglichen Grundlagen für ein Softwareprojekt eine erhebliche Bedeutung zu. Deshalb sollte schon mit der Ausschreibung darauf hingewiesen werden bzw. diese zur Bedingung für einen Zuschlag gemacht werden. Typische vertragliche Grundlagen sind:

- Allgemeine Geschäftsbedingungen;
- Allgemeine Einkaufsbedingungen;
- Geheimhaltungserklärungen oder sonstige Erklärungen, die der Anbieter abgeben muss;
- Spezielle Vertragsbedingungen für Softwareprojekte.

2.4.1.4 Preisliste

Um die Kosten der einzelnen Angebote vergleichen zu können, ist es absolut notwendig, die Anbieter auf eine genau definierte Preisliste zu verpflichten. Diese beinhaltet die separate Aufstellung der Kosten für:

- Zu beschaffende Hardware;
- Softwarelizenzen;
- Softwareentwicklungen;
- Installationsaufwände;
- Projektmanagement;
- Beratung;
- Feinspezifikationen;
- Customizing;
- Datenanalysen, -verbesserungen und –übernahmen bzw. Daten(erst)erfassung;
- Schulungen;
- Dokumentationsarbeiten;
- Service und Wartung der Software.

Tab. 2.1 Vergabearten

Nationale Vergabearten	EU-weite Vergabearten
Öffentliche Ausschreibung	Offenes Verfahren
Beschränkte Ausschreibung	Nicht offenes Verfahren
Freihändige Vergabe	Verhandlungsverfahren Wettbewerblicher Dialog

Tab. 2.2 Öffentliche Ausschreibung

Vergabeart	Charakterisierung
Öffentliche Ausschreibung	Öffentliche Bekanntmachung in Tageszeitungen, amtlichen Veröffentlichungsblättern, Fachzeitschriften oder Internetportalen Anforderung der Ausschreibungsunterlagen durch die Bewerber Unbeschränkte Teilnehmerzahl Abgabe der Angebote innerhalb der vorgesehenen Frist

Tab. 2.3 Beschränkte Ausschreibung mit Teilnahmewettbewerb

Vergabeart	Charakterisierung
Beschränkte Ausschreibung mit Teilnahmewettbewerb	Öffentliche Bekanntmachung des Teilnahmewettbewerbs Aus der Bekanntmachung müssen alle Angaben für eine Entscheidung zur Teilnahme am Vergabeverfahren oder zur Angebotsabgabe ersichtlich sein Teilnahmeanträge der Bewerber Prüfung und Bewertung der Anträge mit Auswahl der Bewerber, denen die Ausschreibungsunterlagen zugesendet werden Abgabe der Angebote innerhalb der vorgesehenen Frist

Tab. 2.4 Beschränkte Ausschreibung ohne Teilnahmewettbewerb

Vergabeart	Charakterisierung
Beschränkte Ausschreibung ohne Teilnahmewettbewerb	Feststellung geeigneter Bewerber Zusendung der Ausschreibungsunterlagen mit Bitte um ein Angebot Abgabe der Angebote innerhalb der vorgesehenen Frist

2.4.2 Ausschreibungsverfahren

Das Ausschreibungsverfahren richtet sich nach dem gewählten Vergabeverfahren. Das Vergabeverfahren ist abhängig von der Rechtsform des Unternehmens, nationalen, EU-weiten Bestimmungen und/oder Unternehmensregelungen. Dementsprechend ergeben sich sehr unterschiedliche Verfahrensabläufe. Als Überblick sind hier die verschiedenen Vergabearten zusammengestellt (Tab. 2.1):

Die in der Tab. 2.1 aufgeführten Vergabearten einer Zeile sind gegenseitig entsprechend. Die Vergabearten sind folgendermaßen charakterisiert (Tab. 2.2, 2.3, 2.4, 2.5, 2.6, 2.7, 2.8, 2.9, 2.10 und Tab. 2.11):

Tab. 2.5 Freihändige Vergabe mit Teilnahmewettbewerb

Vergabeart	Charakterisierung
Freihändige Vergabe mit Teilnahme wettbewerb	Bekanntmachung der Freihändigen Vergabe Teilnahmeanträge der Bewerber Prüfung und Bewertung der Anträge mit Auswahl der Bewerber Zusendung der Ausschreibungsunterlagen an ausgewählte Bewerber mit Bitte um ein Angebot Verhandlung über Angebotsinhalt und abgegebene Preise

Tab. 2.6 Freihändige Vergabe ohne Teilnahmewettbewerb

Vergabeart	Charakterisierung
Freihändige Vergabe ohne Teilnahmewettbewerb	Auswahl von Unternehmen ohne vorherige Bekanntmachung Zusendung der Ausschreibungsunterlagen an ausgewählte Bewerber mit Bitte um ein Angebot Verhandlung über Angebotsinhalt und abgegebene Preise

Tab. 2.7 Offenes Verfahren

Vergabeart	Charakterisierung
Offenes Verfahren	Bekanntmachung Ausschreibung im EU-Amtsblatt Anträge der Bewerber Zusendung der Ausschreibungsunterlagen an Bewerber Abgabe der Angebote innerhalb der vorgesehenen Frist *Wichtige Punkte* Beim Offenen Verfahren gelten Fristen (Versendung der Vergabeunterlagen, Angebotsfrist, Informations- und Wartefrist), die unbedingt eingehalten werden müssen! Es besteht ein Verbot der Nachverhandlung mit Bietern! Nach Zuschlagserteilung muss nach Vergabe des Auftrags eine Mitteilung an das Amt für amtliche Veröffentlichungen der Europäischen Gemeinschaften nach dem EU-Muster erfolgen Für alle Bekanntmachungen und Mitteilungen sind die EU-Muster zu verwenden Es besteht im EU-weiten Verfahren die Möglichkeit der Durchführung eines Nachprüfungsverfahrens, u. a. mit einem Akteneinsichtsrecht für den antragstellenden Bieter

Tab. 2.8 Nicht offenes Verfahren

Vergabeart	Charakterisierung
Nicht offenes Verfahren	Bekanntmachung des Nicht offenen Verfahrens im EU-Amtsblatt (Der Teilnahmewettbewerb ist hier zwingend vorgeschrieben.) Teilnahmeanträge der Bewerber Prüfung und Bewertung der Anträge mit Auswahl der Bewerber Zusendung der Ausschreibungsunterlagen an ausgewählte Bewerber mit Bitte um ein Angebot Abgabe der Angebote innerhalb der vorgesehenen Frist Information an nicht berücksichtigte Bewerber *Wichtige Punkte* Beim Nicht offenen Verfahren gelten Fristen (Teilnahmewettbewerb, Angebotsfrist, Informations- und Wartefrist), die unbedingt eingehalten werden müssen! Die Zahl der durch den Auftraggeber festgelegten Bewerber darf nicht unter fünf liegen! Es besteht ein Verbot der Nachverhandlung mit Bietern! Nach Zuschlagserteilung muss nach Vergabe des Auftrags eine Mitteilung an das Amt für amtliche Veröffentlichungen der Europäischen Gemeinschaften nach dem EU-Muster erfolgen Für alle Bekanntmachungen und Mitteilungen sind die EU-Muster zu verwenden Es besteht im EU-weiten Verfahren die Möglichkeit der Durchführung eines Nachprüfungsverfahrens, u. a. mit einem Akteneinsichtsrecht für den antragstellenden Bieter

Tab. 2.9 Verhandlungsverfahren mit Teilnahmewettbewerb

Vergabeart	Charakterisierung
Verhandlungsverfahren mit Teilnahmewettbewerb	Bekanntmachung des Verfahrens im EU-Amtsblatt Teilnahmeanträge der Bewerber Prüfung und Bewertung der Anträge mit Auswahl der Bewerber Zusendung der Ausschreibungsunterlagen an ausgewählte Bewerber mit Bitte um ein Angebot Abgabe der Angebote innerhalb der vorgesehenen Frist Bewertung der Angebote Verhandlungsrunden Information an nicht berücksichtigte Bewerber *Wichtige Punkte* Die Zahl der Bewerber darf nicht unter drei liegen. Eine Höchstzahl kann durch den Auftraggeber ohne Reglementierung bestimmt werden Wenn der Auftraggeber vorsieht, dass das Verhandlungsverfahren in verschiedenen aufeinander folgenden Phasen abgewickelt und dabei die Zahl der Angebote verringert werden soll, so muss er dies in der Bekanntmachung oder in den Vergabeunterlagen angeben. In der Schlussphase des Verfahrens müssen so viele Angebote vorliegen, dass ein echter Wettbewerb gewährleistet ist

Tab. 2.9 (Fortsetzung)

Vergabeart	Charakterisierung
	Beim Verhandlungsverfahren mit Teilnahmewettbewerb muss berücksichtigt werden, dass es ggf. mehrere Verhandlungsrunden (schriftlich oder mündlich mit Protokollierung) über den Auftragsgegenstand und den Preis geben kann. Die jeweiligen Ergebnisse dieser Verhandlungsrunden sind zu bewerten und zu dokumentieren
	Nach Zuschlagserteilung muss nach Vergabe des Auftrags eine Mitteilung an das Amt für amtliche Veröffentlichungen der Europäischen Gemeinschaften nach dem EU-Muster erfolgen
	Beim Verhandlungsverfahren gelten Fristen (Teilnahmewettbewerb, Informations- und Wartefrist), die unbedingt eingehalten werden müssen!
	Für alle Bekanntmachungen und Mitteilungen sind die EU-Muster zu verwenden
	Es besteht im EU-weiten Verfahren die Möglichkeit der Durchführung eines Nachprüfungsverfahrens, u. a. mit einem Akteneinsichtsrecht für den antragstellenden Bieter

Tab. 2.10 Verhandlungsverfahren ohne Teilnahmewettbewerb

Vergabeart	Charakterisierung
Verhandlungsverfahren ohne Teilnahmewettbewerb	Auswahl der Unternehmen
	Zusendung der Ausschreibungsunterlagen an die ausgewählten Unternehmer mit Bitte um ein Angebot
	Abgabe der Angebote innerhalb der vorgesehenen Frist
	Bewertung der Angebote
	Verhandlungsrunden
	Information an nicht berücksichtigte Bewerber
	Wichtige Punkte
	(siehe Verhandlungsverfahren mit Teilnahmewettbewerb) Die Mindestanzahl der Bewerber ist hier nicht reglementiert

Tab. 2.11 Wettbewerblicher Dialog

Vergabeart	Charakterisierung
Wettbewerblicher Dialog	Das Verfahren des wettbewerblichen Dialogs ist für Situationen vorgesehen, wenn staatliche Auftraggeber objektiv nicht in der Lage sind, die technischen Mittel, mit denen ihre Bedürfnisse erfüllt werden können, oder die rechtlichen oder finanziellen Bedingungen des Vorhabens anzugeben
	Feststellung von grundsätzlichen Regeln des Verfahrens
	Bekanntmachung des wettbewerblichen Dialogs im EU-Amtsblatt
	Teilnahmeanträge der Bewerber
	Prüfung und Bewertung der Anträge mit Auswahl der Bewerber
	Auswahl der Bewerber für die Dialogphase
	Information an nicht berücksichtigte Bewerber
	Durchführung der Dialogrunden und ggf. Verringerung der Lösungsvorschläge und Teilnehmer
	Information der Unternehmen, deren Lösungen nicht für die nächstfolgende Dialogrunde vorgesehen sind

Tab. 2.11 (Fortsetzung)

Vergabeart	Charakterisierung
	Abschluss der Dialogphase
	Information über die Beendigung der Dialogphase
	Erstellung der Endfassung der Vergabeunterlagen
	Versendung der Vergabeunterlagen und Aufforderung zur verbindlichen Angebotsabgabe
	Eingang Angebote
	Bewertung der Angebote
	Zuschlagerteilung
	Erstellung der Vertragsurkunde
	Unterzeichnung der Vertragsurkunde
	Erfüllung der Bekanntmachungs-/Melde- und Berichtspflichten
	Wichtige Punkte
	Diese Vergabeart darf nur in Ausnahmefällen, bei besonders komplexen Verfahren, angewendet werden
	Der wettbewerbliche Dialog wird ausschließlich als EU-weites Verfahren durchgeführt
	Beim wettbewerblichen Dialog ist jedes Element des Auftrags verhandelbar. Die Verhandlungen konzentrieren sich auf eine bestimmte Phase im Laufe des Verfahrens
	Im wettbewerblichen Dialog wird die Angebotsphase hinsichtlich Aufforderung zur Angebotsabgabe einschließlich Übermittlung von Kriterienkatalog (unter Berücksichtigung der im Teilnahmewettbewerb veröffentlichten Zuschlagskriterien) und Gewichtung, Prüfung und Bewertung der Angebote mit Ausnahme der Eignungsprüfung als förmliches Verfahren durchgeführt
	Es sind alle Regeln der einzelnen Phasen des Vergabeverfahrens und insbesondere auch die Zuschlagskriterien vorher festzulegen und mit der Bekanntmachung oder der Beschreibung zu veröffentlichen
	Am wettbewerblichen Dialog sind mindestens drei Unternehmen zu beteiligen
	Bei einer vorgesehenen Reduzierung der Lösungsvorschläge bzw. Teilnehmer anhand der veröffentlichten Zuschlagskriterien in den jeweiligen Verfahrensphasen, welche in der Bekanntmachung bzw. Beschreibung bekanntzugeben ist, sind die Unternehmen darüber zu informieren, wenn sie für die nächste Phase im Verfahren nicht mehr vorgesehen sind
	Die geltenden Fristen müssen eingehalten werden!
	Für alle Bekanntmachungen und Mitteilungen sind die EU-Muster zu verwenden
	Es besteht im EU-weiten Verfahren die Möglichkeit der Durchführung eines Nachprüfungsverfahrens, u. a. mit einem Akteneinsichtsrecht für den antragstellenden Bieter

2.5 Modell der Angebotsbewertung

Die Angebotsbewertung findet in zwei Etappen statt:

- Vorbereitung und
- Bewertung.

Abb. 2.11 Bewertungsmodell

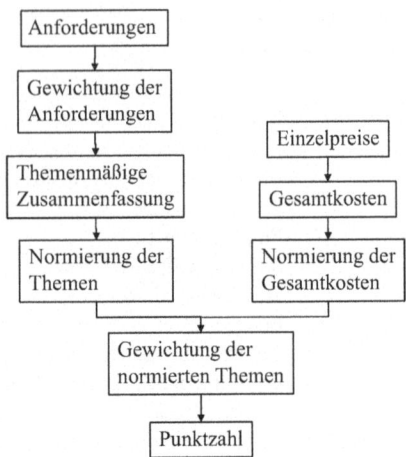

Das Modell, wie Angebote bewertet werden, muss vor dem Eingang der Angebote feststehen. Es setzt sich aus zwei Komponenten zusammen: der Bewertung der Anforderungen und der angebotenen Preise (Abb. 2.11).

Da Anforderungen unterschiedlich wichtig für die Anwendung sind, wird jeder Anforderung (A_i) ein Gewicht (G_i) gemäß ihrer Bedeutung zugewiesen. Diese Gewichtung findet nach einem Punktesystem statt.

Danach werden thematisch zusammenhängende Anforderungen jeweils zu Themenblöcken (T_i) zusammengefasst, so dass einige wenige prägnante Komponenten entstehen (z. B.: $T_1 \{A_3, A_{27}, A_{35}, A_{77}, \ldots\}$; T2 $\{A_1, A_5, A_7, A_{89} \ldots\}$).

Aus den angebotenen Preisen werden die Gesamtkosten des Projektes ermittelt. Diese Gesamtkosten (T_K) stellen auch einen eigenen Themenblock dar. Um die Anforderungsthemenblöcke mit dem Themenblock Kosten in Bezug zu bringen, müssen die Themenblöcke normiert werden (TN_i).

Jedem Themenblock ist eine Gewichtung (G_{Ti}) gemäß seiner Bedeutung zugeordnet. Die Normierten Themenblöcke werden jetzt ihrem Gewicht entsprechend in Beziehung gesetzt.

Normierung und Gewichtung finden nach einem Punkteverfahren statt, so dass sich letztlich eine Punktesumme als Maß für das abgegebene Angebot ergibt.

Damit ist das Modell der Bewertung der Angebote festgelegt. Das Ergebnis wird durch die Auswertung der Angebote ermittelt. Für jede Anforderung und jeden Anbieter wird geklärt, inwieweit das Angebot die betreffende Anforderung erfüllt. Je nach Erfüllungsgrad werden entsprechend Punkte vergeben (PA_i).

Die vergebenen Punkte werden mit dem Gewicht der Anforderung multipliziert ($PA_i \times G_i$), so dass die Erfüllung wichtiger Anforderungen auch zu hohen Punktzahlen führt. Für jeden Themenbereich werden die Punktzahlen (PT_i) durch Addition der gewichteten Punkte zugehöriger Anforderungen ermittelt ($PT_i = \Sigma PA_i \times G_i$).

Anhand der angebotenen Einzelpreise werden die Gesamtkosten des Projektes für jedes Angebot ermittelt. Diese werden jetzt wie ein eigener Themenblock behandelt. Alle

Themenblöcke werden nun normiert (TN$_i$), so dass für alle untereinander vergleichbare Punktesummen entstehen. Da die Themenblöcke ein unterschiedliches Gewicht haben, werden die normierten Punktezahlen der Themenblöcke mit dem zugewiesenen Gewicht multipliziert (TN$_i$ × G$_{Ti}$). Die Summe der gewichteten Punkte der Themenblöcke repräsentiert dann das Rankingergebnis der Ausschreibung.

Die praktische Durchführung ist in Kap. 3.4.6 erläutert und beispielhaft dargestellt.

2.6 Vertragsmodell

Der Vertragsabschluss ist ein Kritischer Erfolgsfaktor für Softwareprojekte. Deshalb erfolgt im späteren Verlauf noch eine detaillierte Betrachtung dieses Themas. Vom Modell her gehen in den Vertrag folgende Komponenten ein (Abb. 2.12):

- Spezifikation;
- Preise des Angebots;
- Allgemeine Geschäftsbedingungen;
- Erklärungen des Anbieters;
- Spezielle Vertragsbedingungen.

Der Vertrag hat zwei wesentliche Komponenten:

- die fachliche Definition der Leistungen des Auftragnehmers und
- die Festlegung der Rechtspositionen zwischen Auftraggeber und –nehmer.

Beide Komponenten sind gleichermaßen wichtig und müssen mit der entsprechenden Sorgfalt bearbeitet werden. Wie die fachliche Definition der Leistungen des Auftragnehmers methodisch durchzuführen ist, wurde in den vorangegangenen Kapiteln erläutert. Im Folgenden wird nun auf die Gestaltung der rechtlichen Aspekte eingegangen.

Die hier vorgestellte Methodik zielt darauf ab, dem Auftraggeber ein Maximum an Garantien zu geben, dass seine Anforderungen auch erfüllt werden. Auch im schlimmsten denkbaren Fall – der Rückabwicklung – muss der Auftraggeber die maximal mögliche Rechtsposition haben. Dafür wird eine besondere Strategie vorgeschlagen.

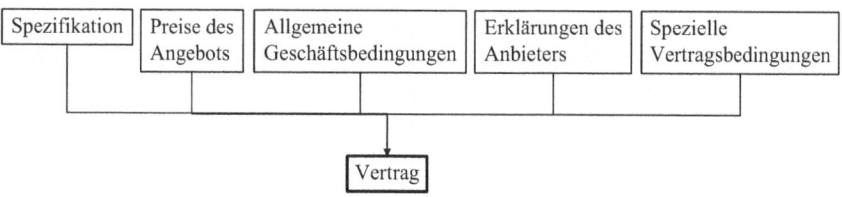

Abb. 2.12 Vertragskomponenten

Abb. 2.13 Üblicher Ablauf
zur Vertragsgestaltung

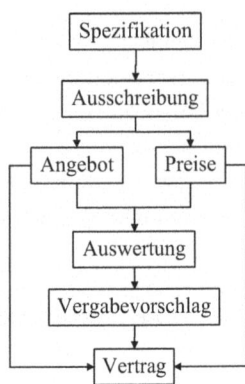

Die übliche Vorgehensweise der Vertragsgestaltung ist in Abb. 2.13 skizziert. Die Anforderungen an ein zukünftiges System werden spezifiziert und in eine Ausschreibung gebracht. Die Ausschreibung ergibt Angebote mit Preisen. Die Angebote werden ausgewertet und der Beste im Ranking wird für die Vergabe vorgeschlagen. Mit dem Sieger wird ein Vertrag geschlossen, der sich auf sein Angebot mit dem dort definierten Preis bezieht.

Der Schwachpunkt in dieser Vorgehensweise besteht im Vertragsbezug. Angebote von Softwareprojekten sind in der Regel sehr umfangreich und mit Erklärungen versehen, wie der Anbieter bestimmte Problemsituationen löst. In diesem Zusammenhang hat er die Möglichkeit, seine Belange einzubringen.

Viel Erfahrung ist nötig, um zu klären, ob das Angebot wirklich die spezifizierten Anforderungen abdeckt oder modifiziert. Ein geschickt agierender Anbieter kann mit seinem Angebot eine Anforderung umgehen, die er eigentlich nicht leisten kann. Dies erscheint unglaublich, aber hier ist ein einfaches Beispiel, wie man eine Anforderung „aus den Angeln heben" kann.

Zu einer Anforderung, die nicht geleistet werden kann, schreibt man: „wir lösen die Anforderung auf folgende Weise …" und beschreibt dann einen irgendwie gearteten (Umgehungs-)Weg. Diese Beschreibung kann sogar völlig von der ursprünglichen Anforderung ablenken.

Wird jetzt ein Vertrag in der dargestellten Weise abgeschlossen, hat der Auftraggeber nur das Recht auf Lieferung in der Art, wie es im Angebot beschrieben ist. Das bedeutet:

Mit der üblichen Vertragskonstruktion gibt der Auftraggeber seine Rechtsposition auf Erfüllung seiner spezifizierten Anforderungen unter Umständen auf!!! Er kann nur hoffen, dass das Angebot einen möglichst hohen Deckungsgrad mit seinen Anforderungen hat. Natürlich ist das eine sehr drastische Darstellung der Schwachstelle des Verfahrenswegs. Aber die Lücke kann immer dann vom Bieter ausgenutzt werden, wenn seine Möglichkeiten in bestimmten Punkten beschränkt oder ausgeschöpft sind.

Abb. 2.14 Strategie der
Vertragskonstruktion

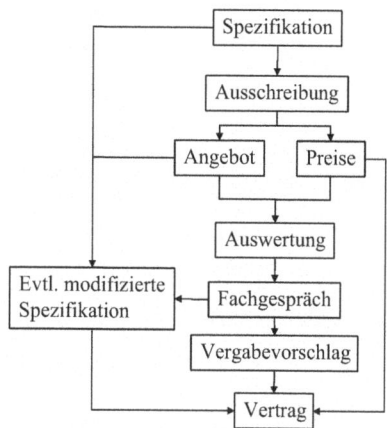

Leider ist die Gefahr real. Dies liegt in erster Linie an umsatzorientierten Vergütungsweisen für den Vertrieb. Diese Gefahr wird mit Sicherheit ausgeschlossen, wenn man die
folgende Strategie verfolgt (Abb. 2.14).

Bis zur Stufe der Auswertung geht man in der gleichen Weise vor, wie vorher beschrieben wurde. Bei der Auswertung unterscheidet man folgende Fälle:

- Der Bieter hat die Anforderung mit „ja" angekreuzt.
  Damit quittiert er die Erfüllung dieser Anforderung.
- Der Bieter hat die Anforderung mit „Nein" angekreuzt.
  Damit zeigt er, dass er diese Position nicht erfüllen kann. Im Fachgespräch kann man
  den Bieter fragen, ob er sich in diesem Punkt noch einen anderen Lösungsweg vorstellen kann. Wenn diese Umgehungslösung akzeptabel für den Auftraggeber ist, wird sie
  protokolliert und mit entsprechenden Abschlägen bewertet. Ansonsten wird die Anforderung als „nicht erfüllt" angesehen.
- Der Bieter hat die Anforderung mit „Teilweise" angekreuzt.
  Oftmals ist dies nur ein verkapptes „Nein". In jedem Fall ergibt sich die gleiche Vorgehensweise wie beim „Nein" beschrieben wurde.
- Der Bieter hat „Sonstiges" angekreuzt.
  Dies kann positiv wie negativ zu Buche schlagen. Im positiven Fall hat der Bieter für
  die Anforderung eine besonders gute, über die Anforderung des Auftraggebers hinausgehende Lösung. Das sollte auch wieder protokolliert und entsprechend hoch bewertet
  werden.
  Im negativen Fall will der Bieter von der Anforderung ablenken („das macht man doch
  nicht so") und präsentiert untaugliche Vorschläge. Dann ist die Anforderung klar als
  „nicht geleistet" zu bewerten.

Mit dieser Vorbereitung geht man in die Fachgespräche und klärt letztlich, ob die Änderungen gegenüber der Spezifikation für den Auftraggeber nützlich bzw. akzeptabel sind.
Falls ja nimmt man diese Änderungen in die Spezifikation auf, wenn es mit diesem Bieter

Abb. 2.15 Projektplanungsmodell

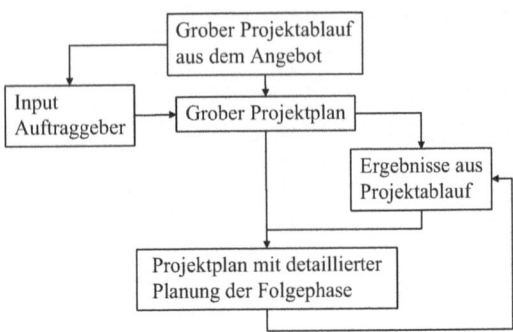

zum Vertragsabschluss kommt. Falls eine Anforderung definitiv nicht leistbar für den Anbieter ist, wird dies protokolliert und entsprechend bewertet.

Die Fachgespräche führen in den Fällen, wo das Angebot für den Auftraggeber nicht verständlich oder unklar war und die notwendigen Klärungen durchgeführt wurden, noch zu (geringfügigen) Änderungen der Bewertung einzelner Anforderungen. Dann lässt sich nun der Sieger des Ausschreibungsverfahrens aus der Bewertungsmatrix ermitteln.

Der Vertrag wird auf Basis der Spezifikation mit den dafür abgegebenen Preisen aus dem Angebot geschlossen! Auf diese Weise ist sichergestellt, dass der Auftragnehmer auch die Anforderungen des Auftraggebers zu den von ihm benannten Preisen bedienen muss. Die inhaltliche Definition der zu liefernden Leistungen erfolgt über die (evtl. geringfügig modifizierte) Spezifikation. Die Anforderungen der Spezifikation hat der Auftragnehmer entweder mit „Ja" bestätigt oder es wurde im Fachgespräch eine entsprechend modifizierte Leistung vereinbart. Damit ist sichergestellt, dass nur Anforderungen des Auftraggebers zur Ausführung kommen, die er gestellt bzw. denen er zugestimmt hat.

Die Sicherheit für den Auftraggeber durch die vorgeschlagene Vertragskonstruktion ist natürlich entscheidend von der Qualität der Spezifikation abhängig. Die beste Vertragskonstruktion nutzt nichts, wenn die Spezifikation nicht hinreichend genau die Anforderungen des Auftraggebers festlegt. Wiederum wird deren hohe Bedeutung sichtbar.

2.7 Projektplanungsmodell

Das Projektplanungsmodell geht von einer sukzessiven Entwicklung und Detaillierung des Projektplanes aus (Abb. 2.15). Der Auftragnehmer sollte schon in den Ausschreibungsunterlagen zu einer groben Darstellung des Projektplanes aufgefordert werden. Mit der Erstellung der Vertragsunterlagen müssen die Anforderungen des Auftraggebers in diesen Entwurf eingebracht werden, so dass ein grober Projektplan entsteht.

Dieser Projektplan muss beinhalten:

- die wesentlichen Aktionen und deren Abhängigkeiten zueinander,
- der Zeitraum für die Bearbeitung der Aktionen,

- die Darstellung der Projektphasen,
- die Meilensteine des Projektes mit festgelegten Zeitpunkten (am besten im relativen Bezug zum Projektstart) und
- sonstige wichtige Aktionen, auf die der Vertrag Bezug nimmt.

Sobald der Auftrag an den Auftragnehmer ergeht, muss die erste Projektphase im Detail geplant werden. Detailplanungen der weiteren Projektphasen lohnen sich zu diesem Zeitpunkt noch nicht. Zusätzliche Erkenntnisse, aufgetretene Mängel oder zweckmäßige Umorganisationen im Projekt werden mit Sicherheit kommen. Deshalb ist es vernünftig, immer nur die nächste anstehende Projektphase im Detail zu planen. Diese Planung muss aber ausreichend früh durchgeführt werden.

Als grobe Orientierung kann gelten: zur Mitte einer Projektphase muss die Detailplanung der folgenden Projektphase erfolgen.

Die vorgeschlagene Vorgehensweise bringt für beide Parteien Klarheit über den Rahmenablauf des Projektes. Gleichzeitig besteht aber auch die Flexibilität, auf die Ereignisse im Projekt zu reagieren. Der hier so bezeichnete „Grobe Projektplan" ist Vertragsgrundlage. Die Detaillierung des Groben Projektplans verändert nicht die durch ihn festgelegten Eckdaten des Ablaufs.

Sollten trotzdem Änderungen notwendig sein, kann der Projektplan, wenn beide Parteien dem zustimmen, entsprechend verändert werden. Der Projektplan ist so gesehen ein mächtiges Instrument, Änderungen des Projektablaufs zu vereinbaren, ohne dass man die sonstigen Vertragsunterlagen anpassen muss. Es ist lediglich darauf zu achten, dass die Projektplan-relevanten Angaben in den Vertragsunterlagen als Verweis auf den Projektplan ausgeführt werden und nicht durch redundantes Aufführen dieser Angaben.

2.8   Modell der Feinspezifikation

Die Feinspezifikation wird auf Basis der Spezifikation erstellt (Abb. 2.16). Während die Spezifikation softwareneutral aufgebaut ist, kommt jetzt der Einfluss des Systems hinzu, das den Zuschlag erhalten hat. Dabei wird die gestellte Anforderung einer genaueren Analyse unterzogen. Hieraus kann resultieren:

Abb. 2.16 Modell der Feinspezifikation

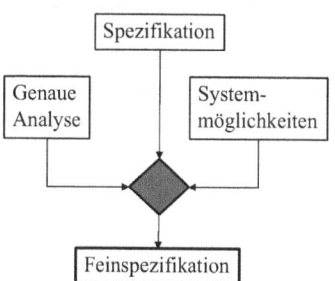

- Die Spezifikation wird nur um formale Punkte ergänzt.
- Die Spezifikation wird weiter detailliert.
- Die Spezifikation wird auf die Möglichkeiten des Systems abgestellt.
- Die Spezifikation ist mit den Möglichkeiten des Systems nicht umsetzbar. Dann kommen nur noch Umgehungslösungen in Betracht.

Im Wesentlichen sollte die Feinspezifikation eine Detaillierung der Spezifikation sein.

In jedem Fall sind die Festlegungen der Feinspezifikation ausschlaggebend für die Umsetzungsanforderung! Verändert die Feinspezifikation Anforderungen der Spezifikation, muss klar zum Ausdruck gebracht werden, dass diese Veränderung gewollt ist. Um Missverständnisse zu vermeiden, sollte dann das Verfahren des sogenannten „Change Request" verwendet werden (Kap. 3.6.5.2).

Damit wird ein Ablauf definiert, wie vertragsrelevante Änderungen im Anforderungsprofil behandelt werden. Um *jederzeit ein eindeutiges Anforderungsprofil* zu haben, sollten alle Änderungen, die nicht dem Sinn nach der Spezifikation entsprechen, immer auch formal als ein Change Request behandelt werden.

2.9 Test- und Abnahmemodell

Für die Tests und Abnahmen wird eine zweistufige Modellentwicklung empfohlen (Abb. 2.17):

- Erstellen eines Testkonzeptes und
- Entwicklung von Testfällen.

Abb. 2.17 Test- und
Abnahmemodell

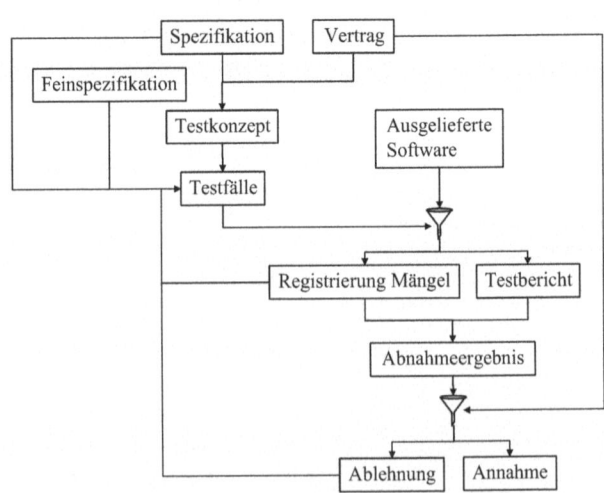

Das Testkonzept betrachtet die Gesamtheit aller Anforderungen und gruppiert diese nach Gleichartigkeitskriterien. Dann widmet man sich der Frage, in welcher Art man gleichartige Anforderungen jeweils testen möchte. Daraus ergibt sich eine Konzeption, wie Testfälle für bestimmte Anforderungsarten entwickelt werden sollen. Das Testkonzept bestimmt quasi die Leitlinien der späteren Tests.

Für jede Anforderung werden nun Testfälle entwickelt. Hierzu zieht man die Leistungsbeschreibungen der Feinspezifikation hinzu und entwirft entsprechende konkrete Testfälle. Wie diese zu entwickeln sind, entnimmt man dem Testkonzept.

Die ausgelieferte Software wird nur nach Maßgabe jedes Testfalles überprüft. Das Ergebnis der Überprüfung wird in einem Testbericht festgehalten. Treten Mängel auf, werden diese registriert.

Aufgrund der registrierten Mängel und des Testberichts wird das Abnahmeergebnis festgestellt. Je nach den vertraglich getroffenen Regelungen wird die Abnahme erteilt oder abgelehnt. Für die gefundenen Mängel werden – wenn nicht schon vorhanden- Testfälle im Testkonzept ergänzt, die bei der Wiederholungsprüfung gezielt kontrollieren, ob die Mängel beseitigt wurden.

2.10   Modell der Produktivsetzung

Beim Aufbau eines Softwaresystems wird davon ausgegangen, dass beim Auftraggeber zunächst ein Testsystem aufgebaut wird. Wenn das Testsystem erfolgreich installiert und getestet wurde, wird das Produktivsystem aufgebaut und in Betrieb genommen.

Voraussetzung für eine Produktivsetzung ist die Abnahme des Testsystems (Abb. 2.18). Dann wird das Produktivsystem mit den absolut gleichen Prozeduren aufgebaut wie das Testsystem. Danach erfolgt die Datenbefüllung. Hierzu werden dieselben Migrationswerkzeuge mit denselben Parametrierungen benutzt wie beim Testsystem. Damit müsste ein

Abb. 2.18 Modell
Produktivsetzung

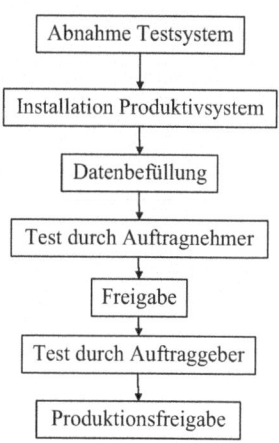

absolut gleicher Stand erreicht sein wie beim Testsystem. Der Auftragnehmer kontrolliert dies durch geeignete Stichproben.

Ergibt die Kontrolle keine Mängel, gibt er den Stand frei. Der Auftraggeber führt jetzt auch noch eigene Stichproben durch. Sind diese mängelfrei, gibt er das System zur Produktion frei.

Weiterführende Literatur

Bundesministerium des Innern UfAB V: Unterlage für Ausschreibung und Bewertung von IT-Leistungen www.cio.bund.de/DE/IT-eschaffung/UfAB/ufab_node.html. 2010

Eigner, Martin; Maier, Helmut: EVB-IT Hanser Verlag 1985

Klemmer, Wilfried: GIS-Projekte erfolgreich durchführen Bernhard Harzer Verlag 2003

Klemmer Wilfried: EDV-Verträge Wichtige Ratschläge http://www.r-plus-s-consult.de/de/Ratgeber/index.php

Klemmer Wilfried: Softwareprojekte erfolgreich realisieren http://www.r-plus-s-consult.de/de/Ratgeber/index.php

Madauss, Bernd J.: Handbuch Projektmanagement C.E. Poeschel Verlag Stuttgart 1991

Mees/Oefner-Py/Sünnemann: Projektmanagement in neuen Dimensionen Gabler Management 1995

Reichel, Egbert-E.; Siegrist, Norbert H.: EDV-Verträge richtig gestaltet FBO Verlag 1993

Yeo, K.T.: Critical failure factors in information system projects International Journal of Project Management 20 (2002) 241–246

Praktische Umsetzung

3

Dem vorgestellten Phasenmodell entsprechend werden nun alle Teilphasen hinsichtlich ihrer praktischen Umsetzung betrachtet.

3.1 Ziel- und Projektdefinition

3.1.1 Grundlegendes zur Zieldefinition

In einem Projekt muss eine Vielzahl von Mitarbeitern unterschiedlicher Fachdisziplinen zusammenarbeiten. Gute Kommunikation ist dafür eine absolut notwendige Voraussetzung. Dies gilt für die horizontale und vertikale Kommunikationsebene. Unterschiedliche Fachdisziplinen müssen ihre Vorstellungen gegenseitig austauschen können und zwischen Vorgesetzten und Mitarbeitern muss ein Kommunikationsfluss hergestellt werden, der die Belange der jeweiligen Partner vermitteln kann.

Die Kräfte der am Projekt Beteiligten müssen so gebündelt werden, dass sie in die vereinbarte Zielrichtung streben und sich nicht gegenseitig aufheben. Dazu muss bei allen Beteiligten ein gleiches Verständnis für das gesetzte Ziel vorhanden sein. Dies wird durch zwei Maßnahmen erreicht:

- Es muss eine exakte Zieldefinition geben.
- Die Zieldefinition muss allen bekannt gemacht werden und verständlich und klar sein.

Man mag zunächst annehmen, dass dies Trivialitäten sind. Aber unklare Ziele bzw. ein ungleiches Verständnis über die Umsetzung der Ziele kommen in der Praxis sehr häufig vor. Welche weitreichenden Konsequenzen das hat, wurde in den vorigen Kapiteln bereits dargelegt. Geht man von der Maxime der Transparenz aus, bleibt eigentlich nur eine Möglichkeit in Anlehnung an die Mathematik. Die Einflussgrößen auf eine Thematik müssen vorab definiert werden, um Eindeutigkeiten zu schaffen!

W. Klemmer, *Softwareprojekte erfolgreich managen*,
DOI 10.1007/978-3-658-05598-1_3, © Springer Fachmedien Wiesbaden 2014

Für ein erfolgsorientiertes Projektmanagement heißt das:

- **Es muss eine schriftliche Definition der Ziele geben, die das Projekt erreichen soll!**
- **Die Zieldefinition muss auf transparenten und nachvollziehbaren Begrifflichkeiten beruhen!**
- **Definitionen müssen auf faßbaren bzw. messbaren Größen beruhen.**

Um zu verdeutlichen, wie genau Ziele definiert werden müssen, werden ein paar typische Praxisfälle behandelt. Eine Zieldefinition:

„Das Projekt soll die bestehenden Prozesse verbessern" ist in diesem Sinne nichtssagend und damit auch nicht weiterführend.

Eindeutig und aussagekräftig wäre z. B.:

Das Projekt x muss nach seinem Abschluss (x Monate nach Kick off) die Arbeitsabläufe zum Thema x so verbessert haben, dass nachhaltig kein Arbeitsstau mehr entsteht und ein Vorgang eine maximale Durchlaufzeit von x Tagen hat.

oder

Das Projekt x muss mit Aufnahme des Produktivbetriebs zum x.x.20xx das bestehende Altsystem komplett abgelöst, seine Daten qualitätsgeprüft übernommen und bei Bedarf verbessert, die definierten funktionalen Optimierungen implementiert sowie die zugehörigen organisatorischen Änderungen umgesetzt haben.

In der Praxis ist leider eine große Scheu vor eindeutigen Festlegungen zu beobachten. Management wie Mitarbeiter zögern, genaue Definitionen zu erstellen. Der Grund dafür ist die Messbarkeit, die mit diesen Definitionen verbunden ist. Die Kultur in vielen Unternehmen ist immer noch davon geprägt, einen Fehler eines Mitarbeiters mit seinem völligen Versagen gleichzusetzen. Dementsprechend sind alle bestrebt, Fehler zu vermeiden bzw. im tatsächlichen Fehlerfall diese nicht zuzugeben. Als Schutz vermeidet man nach Möglichkeit alles, was das eigene Handeln objektiv messbar macht. Man handelt lieber nicht, als dass man sich Fehler zuschulden kommen lassen möchte. Dies gilt über alle Hierarchieebenen.

Für den Erfolg eines Projektes ist jedoch die eindeutige Definition des Ziels absolut notwendig. Diese Aussage bezieht sich nicht ausschließlich auf die erwähnte Bündelung der Kräfte. Wie später noch gezeigt wird, ist die Zieldefinition auch als objektives Kriterium steuerndes Glied für die Nachvollziehbarkeit von Detailentscheidungen im Projekt.

3.1.2   Praktische Hilfen für die Zieldefinition

Um eine Zieldefinition erstellen zu können, muss man einen umfassenden Überblick über das Projekt gewinnen. Das ist wesentlich leichter gesagt als getan. Wie immer bei komple-

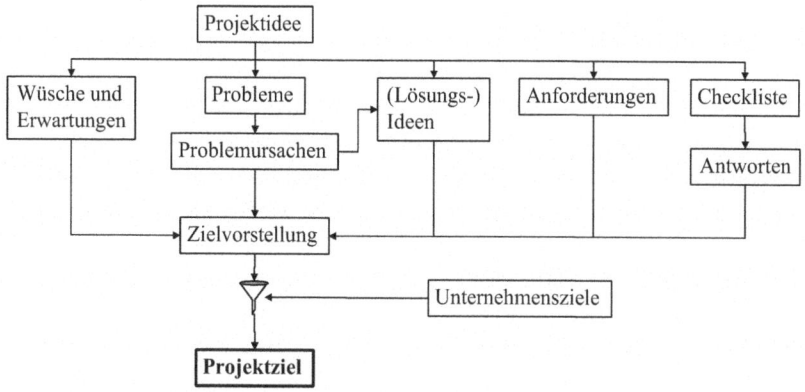

Abb. 3.1 Entwicklung Projektziel

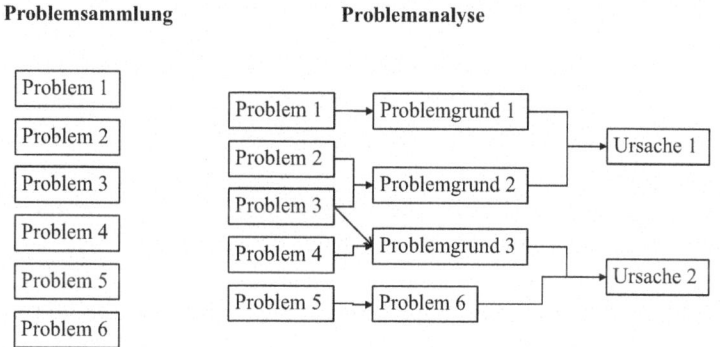

Abb. 3.2 Problem/Ursachenanalyse

xen, unübersichtlichen Themen hilft hier das Stilmittel der Modularisierung. Man untersucht zunächst einzelne Themenstellungen, sammelt die Ergebnisse, strukturiert sie und fasst sie schließlich zusammen.

Hier wird jetzt eine Technik vorgeschlagen, die völlig unterschiedliche Blickpunkte auf das Thema richtet, damit es „von vielen Seiten beleuchtet wird" (Abb. 3.1).

Ausgangspunkt ist die Idee zu einem Projekt: Mit dieser Idee existieren Wünsche und Erwartungen an das Projekt bzw. an den Zustand nach dem erfolgreichen Abschluss des Projektes.

Der Wunsch nach einer Veränderung wird oft durch vorhandene Probleme oder Schwierigkeiten ausgelöst. Ein identifiziertes Problem muss aber nicht gleichzeitig schon die wahre Ursache für einen Missstand sein. Deshalb ist es ratsam, Probleme und Schwierigkeiten aufzulisten und jeweils nach der Ursache des Problems zu fragen (Abb. 3.2).

In Abb. 3.2 sind die Effekte, die sich dabei zeigen, schematisch dargestellt.

- Ein Problem hat einen oder mehrere Problemgründe.
- Mehrere Probleme lassen sich auf denselben Problemgrund zurückführen.
- Ein Problem ist in Wahrheit schon der Problemgrund eines anderen Problems.
- Mehrere Problemgründe lassen sich auf eine gemeinsame Problemursache zurückführen.

Diese Analyse hat folgende Vorteile:

- Die Kräfte werden auf die wesentlichen Punkte konzentriert.
- Mit der Beseitigung einer Problemursache hat man die gesamten negativen Auswirkungen der daraus resultierenden Probleme abgestellt.

Für gefundene Problemursachen werden nun Ideen zur Lösung entwickelt. Lösungsideen müssen aber nicht notwendigerweise aus Problemursachen resultieren. Ideen für Verbesserungen ergeben sich auch oft spontan aus der Beschäftigung der Mitarbeiter mit ihrem Arbeitsumfeld.

Eine weitere Quelle für die Entwicklung des Projektziels sind Anforderungen, die von außen herangetragen werden. Dies können gesetzliche, Anforderungen des Managements, des Marktes oder der Kunden sein.

Schließlich wird noch auf die Checkliste im Kap. 3.1.3 verwiesen. Antworten auf diese Fragen runden die Stoffsammlung zur Entwicklung der Projektziele ab.

Die dargestellte Vorgehensweise führt zum Zwang, verschiedene Betrachtungspositionen einzunehmen, um das Projekt hinsichtlich seiner Vielschichtigkeit und Umfangs zu beleuchten. Mit diesen Vorarbeiten gelingt es, für die ursprüngliche Projektidee eine sachgerechte Zielvorstellung zu entwickeln.

Als letzte Kontrolle sollte man diese Zielvorstellung anhand der Unternehmensziele filtern. Dieser Vorgang wird entweder durch die Einbeziehung der Unternehmensführung in den Zielentwicklungsprozess erreicht oder durch Vorlage der Zielvorstellung beim Unternehmensmanagement. Resultat dieses Abgleichs ist dann die Zieldefinition des Projektes.

3.1.3 Checkliste für die Entwicklung des Projektziels

Folgende Fragestellungen helfen, das Projektziel zu definieren:

- Welche Themen gehören zum Projekt?
- Was gehört ausdrücklich nicht zum Projekt?
- Wie und wo grenzt sich das Projekt zu bestehenden Projekten ab?
- Was genau muss das Projekt leisten?
- Welche Leistungskriterien gibt es?
- Welche Realisierungszeiträume stehen zur Verfügung?
- Was hat man, wenn das Projekt erfolgreich abgeschlossen ist?

- Welche Kriterien definieren den Erfolg?
- Wer hat ein berechtigtes Interesse am Projekt?
- Welche Interessen sind das?

3.1.4 Projektdefinition

Ist das Projektziel festgelegt, kann zum nächsten konkretisierenden Schritt, der Projekt-definition, übergegangen werden. Die Projektdefinition sollte folgende Punkte festlegen:

- Welche inhaltlichen Schritte werden für das Projekt vorgesehen?
- Welche Mitarbeiter übernehmen welche Aufgaben?
- Welche externen Unterstützungsleistungen werden vorgesehen?
- Wie sieht der grobe Projektplan aus?
- Welches Budget wird für das Projekt benötigt/genehmigt?

3.2 Darstellung des Iststandes

Die Darstellung des Iststandes verfolgt zwei Ziele:

- einem Anbieter den Ausgangsstand für seine Kalkulation des Angebots zu verdeutlichen und
- vertraglich wirksame Festlegungen zu schaffen.

Zum ersten Punkt wird auf die bereits erfolgten Ausführungen des Kap. 2.4.1.1 verwiesen. Der zweite Punkt verfolgt einen mehr strategischen Aspekt im Hinblick auf die Vertragsgestaltung. Die Darstellung des Iststandes hilft Nachforderungen des Auftragnehmers zu vermeiden.

Dem Anbieter wird der für die Kalkulation des Projektes relevante Ausgangsstand mitgeteilt. Mithin kann er sich später nicht darauf berufen, dass besondere Umstände, die ihm nicht bekannt gewesen seien, zu erhöhten Aufwänden führen. Die hierzu notwendige Darstellung des Iststandes setzt natürlich voraus, dass der Auftraggeber sich in die Situation eines Anbietenden versetzen kann. Dem Anbieter müssen alle kalkulationsrelevanten Aspekte des Iststandes mitgeteilt werden. Ansonsten wird das beschriebene strategische Ziel nicht erreicht.

Als Hilfestellung dient folgende Checkliste (mit Erläuterungen). Der Auftraggeber sollte folgende Punkte ausführen:

- Angaben zum Unternehmensgegenstand, zur Rechtsform, zu den Standorten, zur Unternehmensorganisation, zu den Inhabern des Unternehmens, zur Unternehmensgröße, evtl. zu den Unternehmensbeteiligungen, zum Umsatz; zur Unternehmensleitung (Diese Angaben können u. U. auch für die Lizenzierung wichtig sein)

- Derzeitige prozessuale Behandlung des Projektthemas
  (Hieraus kann der Umstellungsaufwand abgeschätzt werden.)
- Derzeitige Hard- und Softwareausstattung; Betriebssysteme; eingeführte IT-Standards;
  genutzte Basissoftware; vorhandene Softwareprodukte, die den Themenbereich des
  Projektes unterstützen; vorhandenes Rechner- und Kommunikationsnetz
  (Hieraus wird ersichtlich, welche hard- und softwareseitigen Aufwände zusätzlich not-
  wendig werden, um das Projekt zu realisieren.)
- Vorliegende Datensammlungen nach Art, Umfang, Vollständigkeitsgrad und Aktuali-
  tät; Datenmodell und Datenstrukturen der IT-unterstützten Datensammlungen
  (Damit kann man abschätzen, inwieweit, mit welchem Aufwand und in welcher Qualität vorhandene Informationen in die neue Softwareumgebung übertragen werden können.)

3.3 Spezifikation der Anforderungen

3.3.1 Grundsätzliche Bemerkungen

Die Spezifikation der Anforderungen ist das wichtigste Kapitel im Softwareprojektmanagement. Sie ist:

- Grundlage für die Ausschreibung;
- Ausschlaggebender Indikator für die Auswahl des Auftragnehmers;
- Grundlage für den Leistungsanspruch des Auftraggebers an den Auftragnehmer und
- Maßstab für die Qualität der zu erbringenden Leistung des Auftragnehmers.

Die Spezifikation bildet damit einen Kernpunkt von allerhöchster Bedeutung.
  **Eine ausreichende Qualität der Spezifikation ist eine *absolut notwendige* Bedingung
für den Erfolg eines Softwareprojektes!**
  Für den Auftraggeber gehört die Spezifikation zu den schwierigsten Aufgaben im Softwareprojektmanagement. Diese Schwierigkeiten haben zwei Hauptursachen. Der Auftraggeber muss

- seinen wirklichen Bedarf spezifizieren können und
- seinen Bedarf einem Anbieter in einer für einen IT-Fachmann verständlichen Form
  nahebringen.

Erschwerend kommt der Aufwand hinzu, der mit einer Spezifikation verbunden ist. Da
Projekte eine einmalige Maßnahme sind, ist eigentlich in der Arbeitsaufgabe eines Mitarbeiters kein Raum zur Bearbeitung vorgesehen. Ein Mitarbeiter muss sich also zunächst
irgendwie Freiraum für diese Tätigkeiten schaffen.
  Weiterhin stößt man jetzt auf eine konträre Interessenlage der Anbieter. Ein Software-
lieferant macht den höchsten Gewinn, wenn er seine Standardlösung ohne großen Anpas-

sungsaufwand verkaufen kann. Er versucht, einen potenziellen Kunden von seiner Lösung zu überzeugen, so dass die eigentlichen Kundenanforderungen nicht besonders behandelt werden müssen.

Ein Kunde, der sich nicht nachhaltig mit seinem eigentlichen Bedarf auseinandergesetzt hat, hat einen schweren Stand gegenüber den Anbietern. Sie präsentieren ihre „Highlights", die auch durchaus den Kunden für ihr Produkt einnehmen. Die Gefahr besteht, dass der Kunde sich von professioneller Präsentation und rhetorischem Geschick des Vertriebsbeauftragten einnehmen lässt und nicht mehr den eigenen Bedarf fokussiert.

In diesem Augenblick gibt er die Kontrolle des Projektes ab!

Natürlich ist es wichtig, sich über den Stand des Softwareangebots zu informieren, den es zum angestrebten Projekt gibt. Diese Notwendigkeit sei hier auch eindeutig betont. Das Ziel des Projektmanagements des Auftraggebers muss aber sein, jederzeit die Kontrolle über das Projekt zu behalten! Deshalb muss die Spezifikation so organisiert werden, dass das Ziel erreicht wird.

Die praktische Erfahrung zeigt, dass in sehr vielen Projekten mehr nach emotionalen Eindrücken als durch sachlich analytische Verfahren entschieden wird. Der typische Ablauf des Scheiterns sieht dann so aus:

Mit der Installation der ersten Testapplikationen bemerkt der Kunde, dass ihm bestimmte Funktionalitäten fehlen oder er durch die Software nahegelegte Abläufe nicht akzeptiert. Bereitwillig signalisiert der Auftragnehmer, Anpassungen vorzunehmen. Diese sind natürlich kostenpflichtig. Da der Kunde jetzt in der Abhängigkeit des Auftragnehmers steht, werden nur in seltenen Fällen marktgerechte Preise angeboten. Nun gibt es verschiedene Möglichkeiten:

- Der Kunde akzeptiert das Angebot. Dadurch steigen die Projektkosten und die Laufzeit des Projektes verlängert sich. Dies geht so lange gut, wie Management oder Revision nicht dagegen einschreiten.
- Der Kunde lässt sich auf Auseinandersetzungen ein. Er argumentiert, dass aus fachlichen Gründen ein Ablauf oder eine Funktionalität „so und nur so" sein müsste und dass diese „Selbstverständlichkeit" natürlich auch ihr Abbild in der Software finden müsste. Wenn der Auftragnehmer hier nicht gute Gründe für ein Entgegenkommen sieht, hat der Kunde so gut wie keine Chance, diese Änderungswünsche ohne Kostenaufschlag zu bekommen.
  Rechtliche Auseinandersetzungen sind äußerst komplex, langwierig, teuer und führen fast immer zu Vergleichen. Anforderungen, die zum Vertragsabschluss nicht schriftlich fixiert wurden, lassen sich kostenfrei so gut wie gar nicht durchsetzen. In jedem Fall wird durch Auseinandersetzungen der Zeitplan des Projektes überschritten.
- Der Kunde geht von seinen Änderungswünschen ab, weil sein Budget die Zusatzkosten nicht hergibt. Sind die gewünschten Änderungen aber für einen sachlich richtigen oder den Ablauf verbessernden Zustand des Systems notwendig, wird die Akzeptanz der Benutzer darunter leiden. Dies kann dann bis zu Verweigerungshaltungen der Anwender führen. Angestrebte Verbesserungen der Arbeitsabläufe mit dem System werden so in jedem Fall blockiert.

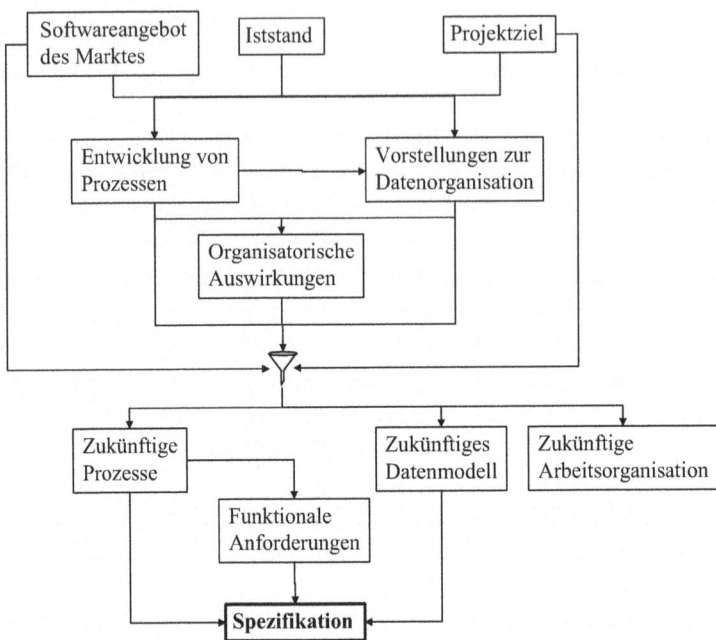

Abb. 3.3 Methodik der Spezifikationsentwicklung

Die Konsequenz aus diesen Szenarien ist eindeutig.

Ein Projekt kann nur dann vom Auftraggeber erfolgreich geführt werden, wenn er über den gesamten Projektablauf die Kontrolle behält.

Da die Spezifikation ein wesentlicher Kernpunkt des Projektmanagements ist, muss sie mit größter Sorgfalt erstellt werden. Liegen eigene Kompetenzen hierfür nicht vor, sollte man sich professioneller Hilfe bedienen.

3.3.2 Praktische Durchführung

3.3.2.1 Vorarbeiten zur Spezifikationsentwicklung

Wie hilfreich die vorgestellte methodische Vorgehensweise ist, zeigt sich besonders bei der Entwicklung der Spezifikation. Es wurde bereits erwähnt, dass diese ein Kritischer Erfolgsfaktor für das Gelingen eines Projektes ist. Umso wichtiger ist nun eine streng analytische Herleitung. In Abb. 3.3 ist die methodische Entwicklung dargestellt.

Um eine zukünftige Softwarelösung spezifizieren zu können, braucht man einen Überblick über das entsprechende Angebot des Marktes. Hierdurch erlangt man die Kenntnis über die Leistungsfähigkeit verfügbarer Softwarelösungen. Ausgehend vom Iststand und den definierten Projektzielen entwickelt man nun die Vorstellung, wie zukünftig das Arbeiten mit einer zunächst abstrakt gearteten Software aussehen würde.

Neben der Entwicklung der zukünftigen Prozesse werden erste Vorstellungen für die Organisation der Daten aufgebaut. Dies können zunächst grobe Strukturierungen oder Strategien sein. Prozessentwicklung und Datenorganisation sind iterierende Prozesse. Immer muss die Entwicklung am Projektziel gefiltert werden, damit sichergestellt ist, dass die Arbeiten nicht zum Selbstläufer werden. Das zukünftige System muss in jedem Fall dem Projektziel dienen.

Grundsätzlich muss das System auch mit Blick auf die Marktmöglichkeiten konzipiert werden. Spezialentwicklungen lohnen sich nur, wenn dadurch entsprechende Verbesserungspotenziale geschaffen werden.

Hat man den Entwurf fertig gestellt, sollte man die entwickelten Prozesse kontrollieren. Da man zu diesem Zeitpunkt sehr in seiner eigenen Gedankenwelt gefangen ist, helfen hier Formalkontrollen weiter. Folgendes sollte geprüft werden:

- Decken die entwickelten Prozesse das Thema der Projektziele und -definition ab?
- Kommen die Dateninputs der entwickelten Prozesse aus Outputs der bestehenden oder zukünftig entwickelten Prozesse?
  Falls dies nicht der Fall sein sollte, würde man Informationen für einen Prozess vorsehen, der real oder in Zukunft nicht vorhanden ist. Die Informationsaustauschkette wäre damit unterbrochen. Mithin hat das entwickelte Konzept noch Lücken und muss entsprechend angepasst werden.
- Werden die Datenoutputs von entwickelten Prozessen in bestehende oder zukünftige Prozesse aufgenommen?
  Im negativen Fall wäre die Informationsaustauschkette wieder unterbrochen.

In der Praxis gestaltet sich der dargestellte Entwicklungsprozess für die Spezifikation iterativ. In jeder Entwicklungsstufe können Erkenntnisse kommen, die Korrekturen in bereits entwickelten Abläufen notwendig machen. Schließlich erreicht man einen Stand, der in sich widerspruchsfrei ist.

3.3.2.2   Entwicklung der Datenorganisation
Die Einführung einer neuen Software muss zwingend auch eine Konzeption der zukünftigen Datenorganisation mit sich bringen. Welche Informationen müssen in welcher Art im System zur Verfügung stehen?

Diese recht schwierige Fragestellung lässt sich am leichtesten lösen, wenn man sich fragt: „welche Informationen sind in welcher Art notwendig, um einen beschriebenen Prozess durchführen zu können". Aus den konzipierten Prozessen werden damit die Vorstellungen zur Datenorganisation abgeleitet.

3.3.2.3   Organisatorische Auswirkungen
Ein effektiver Einsatz eines neuen Informationssystems bringt *immer* die Notwendigkeit der Veränderung bestehender Arbeitsabläufe mit sich.

Einer der häufigsten Fehler der Praxis besteht darin, dass man bestehende Arbeitsabläufe unverändert auf ein Informationssystem abzubilden versucht. Dies ist vom Prinzip her falsch. Zur Erläuterung sei auf ein Beispiel zurückgegriffen.

Als die Korrespondenz noch mit Schreibmaschinen durchgeführt wurde, hatte man diesen Arbeitsablauf optimiert. Statt bei Fehlern die ganze Seite neu zu schreiben, benutzte man Korrekturflüssigkeiten oder –streifen, die den Fehler auslöschten und die zu korrigierende Stelle neu überschreibbar machten. Kopien wurden durch Doppeleinzug von Blättern mit zwischengelegtem Kohlepapier erzeugt.

Mit der Einführung von PCs und Textverarbeitungsprogrammen konnte man auf mechanische Korrekturhilfen verzichten und Kopien einfach durch Mehrfachausdruck erzeugen. Niemand käme auf die Idee, wieder Kohlepapier zu benutzen. Der Arbeitsablauf „Erstellen von Schreiben" wurde mit Einführung eines neuen Systems den Möglichkeiten des Systems angepasst, um dadurch seine Effektivität zu erhöhen.

Genau diese Strategie ist auch bei der Einführung einer neuen Software notwendig, um die Effektivität der Prozesse mit dem System zu erhöhen. Die Konzeption eines neuen Softwareeinsatzes schließt zwingend auch die Konzeption veränderter Arbeitsabläufe mit ein. Das Bewußtsein hierfür ist oftmals in der Praxis nicht vorhanden. Selbst wenn diese Erkenntnis gegeben ist, stellt die Bereitschaft zur Veränderung u. U. ein erhebliches Problem dar.

Die Konzeption der zukünftigen Arbeitsabläufe mit dem System birgt also Konflikte, denen man keinesfalls ausweichen darf. Eine Ursache für das Scheitern von Projekten ist in der Praxis die mangelnde Bereitschaft, sich diesen Konflikten zu stellen und so für sachgerechte Problemlösungen zu sorgen. Hier hilft die vorgeschlagene Entwicklungsmethodik, weil sie analytisch die Notwendigkeiten sachlich fundiert darlegt.

Die Entwicklung zukünftiger Arbeitsabläufe mit einem System fordert immer die kritische Auseinandersetzung mit dem Iststand. Man muss sich die Frage stellen, ob der derzeitige Ablauf noch zum zukünftigen Softwareeinsatz passt. Falls nicht, muss eine Änderung vorgenommen werden. Da diese organisatorischen Änderungen erhebliche Konsequenzen haben können (Änderung von Qualifikationsprofilen und Personalausstattung, Schulungsbedarf, Umbesetzungen u.ä.) müssen organisatorische Änderungen im Hinblick auf die Projektrealisierung bewußt gemacht und registriert werden.

Für die eigentliche Spezifikation ist dieser Aspekt nur insofern bedeutsam, als sich daraus Anforderungen für die Ausschreibung ableiten (Schulungen, funktionale Anforderungen). Für die praktische Realisierung ist die Änderung von Arbeitsabläufen von erheblicher Bedeutung.

Die Umstellung bestehender Arbeitsabläufe auf neue ist quasi ein „Projekt im Projekt". Während die technischen Aspekte einer Softwarebeschaffung zu großen Teilen auf den Auftragnehmer delegiert werden können, verbleiben alle Arbeiten zur organisatorischen Anpassung an das System und den zukünftigen Arbeitsabläufen beim Projektmanager des Auftraggebers.

Er muss dafür sorgen, dass die durchzuführenden organisatorischen Änderungen im Einklang mit dem Projektplan stehen und diese Entwicklung auf den zukünftigen Stand selbstständig führen. Je nach Maß der Umstellung kann diese Aufgabe sehr umfangreich sein.

3.3.2.4 **Spezifikation**

Geht man konsequent nach der oben definierten Art vor, erhält man die zukünftig mit dem System vorgesehenen Prozesse und das Datenmodell. In der Praxis wird nur in seltenen Fällen ein wirkliches Datenmodell erstellt. Dies ist eigentlich nur Individualentwicklungen vorbehalten. Da in der Regel Standardsoftwareprodukte eingeführt werden, die eigene Datenmodelle haben, beschränken sich diese Arbeiten auf deren Vorstufen. Dies sind z. B. Strukturfestlegungen zur Datenorganisation oder Listen der zu führenden Objekte mit Attributen o.ä.

Die entwickelten Prozesse definieren, wie man zukünftig mit dem System arbeiten möchte. Um die erwartete Leistungsfähigkeit des Programms zu konkretisieren, stellt man noch die Funktionalitäten zusammen, die das Programm dem Benutzer zur Verfügung stellen soll. Wie bereits erwähnt, geht man dazu jeden Prozessschritt der entwickelten Prozesse durch und stellt sich die Frage: „Welche Funktionalität muss die Software haben, damit dieser Prozessschritt effektiv durchgeführt werden kann?"

Die sich so ergebenden Funktionalitätsanforderungen werden thematisch strukturiert und genau beschrieben. Bei der Beschreibung ist eine eindeutige Definition des Leistungsspektrums einer Funktionalität sehr wichtig. Diese Forderung bereitet Auftraggebern oft Schwierigkeiten. Hier sind drei typische Fehler zu beobachten:

- Stillschweigende Voraussetzungen, die der Auftraggeber mit einer Anforderung verbindet;
- Subjektive Leistungskriterien und
- Unverständnis der aus IT-Sicht notwendigen Definition der Leistungsbeschreibung.

Jede Fachdisziplin hat Regeln für die Bearbeitung von grundlegenden Themen ihres Fachbereiches. Diese Regeln sind wesentliche Bestandteile der Ausbildung. Entsprechend intensiv werden sie trainiert, so dass sie jedem Absolventen „in Fleisch und Blut" übergegangen und damit zu den absoluten Selbstverständlichkeiten des Arbeitsalltags geworden sind.

Lieferanten und Entwickler von Programmsystemen gehören aber im Allgemeinen nicht der Fachdisziplin des Auftraggebers an, so dass diese die stillschweigenden Voraussetzungen nicht kennen. Sind solche Voraussetzungen nicht in der Spezifikation benannt, werden sie auch nicht geliefert werden (können).

Man muss sich klarmachen, dass es grundsätzlich ein Kommunikationsproblem gibt, wenn unterschiedliche Fachdisziplinen zusammenkommen und dass man sich darauf trainieren muss, Ansätze von Missverständnissen zu erkennen, Dinge, die man voraussetzt, auch auszusprechen und grundlegende Begriffe, die man verwendet, zu definieren.

Dieses Training gelingt leider nur durch jahrelange Erfahrung mit entsprechend häufigen Erlebnissen von Missverständnissen. Sehr hilfreich sind im diesem Zusammenhang Personen mit Doppelqualifikationen; der Fachqualifikation des Anwenders und der IT-Qualifikation. Sie kennen die jeweiligen Gedankenwelten der unterschiedlichen Disziplinen und fungieren als „Übersetzer".

Subjektive Leistungskriterien müssen unbedingt vermieden werden. Sie sind letztlich nichtssagend. Weder kann ein Entwickler daraus die gewünschte Anforderung herleiten, noch kann sich der Auftraggeber anhand dieser Kriterien auf einen Mangel berufen. Einige typische Beispiele:

> Die Anwendung muss benutzerfreundlich sein.
> Das System muss schnelle Reaktionszeiten haben.
> Das System muss eine passende Schnittstelle zum System x haben.

Anforderungsdefinitionen müssen entweder völlig eindeutig oder nach vorgegebenen Kriterien messbar sein. Umgesetzt auf die Beispiele hieße das:

> Für die Eingabe von Attributswerten in Masken muss das System durch den Administrator veränderbare Katalogwerte zur Steigerung der Benutzerfreundlichkeit bereitstellen.
> Die Antwortzeit auf die Abfrage x darf höchstens eine Sekunde betragen.
> Das System muss die Daten in der Struktur, wie sie von der Behörde x derzeit zur Verfügung gestellt werden, so in sein bestehendes Datenmodell einlesen und speichern können, dass die hierzu definierten Auswertungen im beschriebenen Maße und in der gewünschten Art durchgeführt werden können.

Die Forderung nach derart qualifizierten Anforderungsdefinitionen kann nur von Bearbeitern durchgeführt werden, die eine genaue Vorstellung davon haben, wie man für Entwickler Anforderungen definieren muss.

Die mangelnde Qualität der Anforderungsdefinition ist eine Hauptursache für das Scheitern von Projekten!

Steht dem Auftraggeber für diese Arbeiten kein geeignetes Fachpersonal zur Verfügung, wird ihm dringlich die Unterstützung durch externe Fachkräfte angeraten. In den späteren Kapiteln wird noch deutlich, welche Chance sich der Auftraggeber vergibt, wenn er auf die qualifizierte Darstellung seiner Anforderungen verzichtet.

Am Ende des Spezifikationsprozesses steht damit eine Beschreibung der Anforderungen an ein System zur Verfügung, bestehend aus:

- der Darstellung der zukünftigen Prozesse,
- der für die Bearbeitungen notwendigen Funktionalitäten und
- der Beschreibung der Anforderung an die Datenhaltung im System.

Dies ist dann die Spezifikation für das Programmsystem. Zusätzlich entsteht auch eine Übersicht über die organisatorischen Änderungen, die mit der Einführung des Systems einhergehen müssen. Die Ausarbeitung ist für den internen Gebrauch vorgesehen und wird in seiner Umsetzung auch nur intern verfolgt.

3.4   Ausschreibung

3.4.1   Grundlegendes

Die Ausschreibung und das Ausschreibungsverfahren unterliegen Regelungen. Dies sind gesetzliche Regelungen des europäischen und nationalen Rechtes sowie Regelungen, die das Unternehmen beschlossen hat (z. B. Complianceregelungen). Diese inhaltlichen und formalen Anforderungen müssen streng beachtet werden. Im Wesentlichen beruhen alle diese Vorschriften auf einigen wenigen Grundsätzen:

- Herstellung von Wettbewerb;
- Gleichbehandlung von Anbietern;
- Diskriminierungsverbot;
- Transparenz der Anforderungen und des Ausschreibungsverfahrens und
- Nachvollziehbarkeit von Entscheidungen.

Unabhängig vom Ausschreibungsverfahren muss immer dafür gesorgt werden, dass eine Wettbewerbssituation unter den Bietern entsteht. Eine wichtige Konsequenz daraus ist: es muss eine genügende Anzahl von Bietern zugelassen werden.

Anbieter müssen gleich behandelt werden. Ihnen müssen jeweils dieselben Informationen zukommen. Die Ausschreibungsunterlagen müssen neutral aufgebaut sein und dürfen kein Produkt favorisieren.

Anbieter dürfen nicht diskriminiert werden. Die Forderung: „Deutsche Unternehmen werden bevorzugt" ist diskriminierend. Wohl aber darf gefordert werden: „Sämtliche Kommunikation im Projekt muss in deutscher Sprache abgewickelt werden".

Die Anforderungen, die gestellt werden, müssen eindeutig und klar verständlich sein. Ebenso sind genau das Ausschreibungsverfahren und die zum Verfahren notwendigen Angaben darzustellen.

Die Entscheidungen, die im Laufe des Verfahrens getroffen werden, müssen auf objektiven Fakten beruhen, nachvollziehbar sein und dokumentiert werden.

Die hier vorgestellte Methodik unterstützt all diese Kriterien und sorgt auch noch für eine genaue Ablaufdokumentation. Diese ist als Beweismittel von hoher Bedeutung, falls Anbieter Einreden gegen das Ausschreibungsverfahren oder die Entscheidung führen. In diesem Fall muss der Auftraggeber nachweisen, dass er keine der gesetzlichen Anforderungen verletzt hat. Einreden haben keine negativen Konsequenzen für die Beschwerdeführer.

Auch wenn der Auftraggeber alles korrekt durchgeführt hat, ist mit einer Einrede und einem Gerichtsverfahren ein hoher zeitlicher Aufschub verbunden. Die genaue Einhaltung der Regeln und formaler Vorgaben sollte, obwohl es Mühe macht, genauestens dokumentiert werden. Die praktische Erfahrung zeigt, dass Beschwerdeführer ihre Einrede durchaus zurückziehen, wenn der Auftraggeber im Vorfeld schon die Korrektheit seiner methodischen Entwicklung der Ausschreibung deutlich gemacht hat bzw. lückenlos darlegen kann.

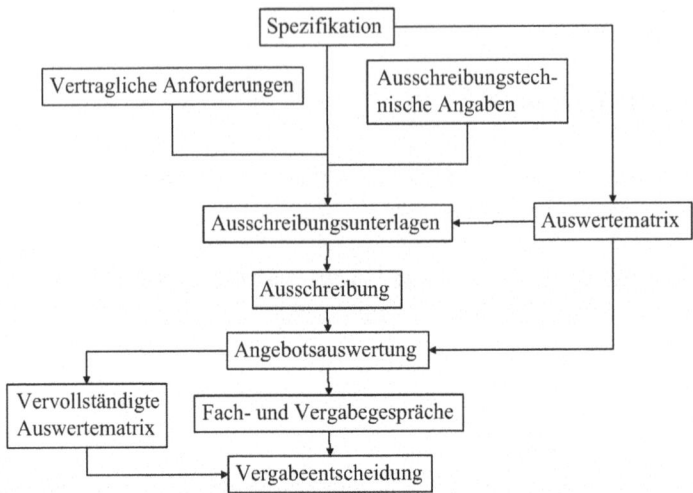

Abb. 3.4 Ausschreibungsprozess

Leider kommen auch Fälle vor, wo Anbieter aus taktischen Gründen Einreden gegen das Ausschreibungsverfahren oder die getroffenen Entscheidungen führen, obwohl diese korrekt abgelaufen sind. Ihr Interesse geht dahin, einen Vergleich anzustreben, wissend, dass der Auftraggeber bei einem Gerichtsverfahren erhebliche Zeitverzüge in seinem Projekt haben würde. Zur Zeit gibt es noch keine klare Rechtslage, ob taktisch geführte Einreden oder nachweislich erfolglose Einreden zu durchsetzbaren Entschädigungsansprüchen der beklagten Auftraggeber führen können. Hierdurch steigt leider die Wahrscheinlichkeit einer Einrede.

Das Projektmanagement des Auftraggebers sollte auf jeden Fall den Projektablauf so organisieren und dokumentieren, dass er den oben angeführten Grundsätzen genügt.

3.4.2 Prozess der Ausschreibung

Die ganzen beschriebenen Vorarbeiten haben zwei Ziele:

- ein passendes System und einen qualifizierten Lieferanten zu finden und
- das eigene Unternehmen auf das anstehende Projekt vorzubereiten.

Zunächst wird der Prozess der Ausschreibung behandelt (Abb. 3.4).

Der Hauptbestandteil der zu fertigenden Ausschreibungsunterlagen besteht aus der Spezifikation. Weiterhin müssen ausschreibungstechnische Angaben und Selektionskriterien ermittelt und benannt werden. Ratsam ist auch schon die Aufnahme vertraglicher Anforderungen.

Zur besseren Übersicht wird eine Auswertematrix aufgestellt, die die Anforderungen, die Gewichtung der Anforderungen und die angebotenen Preise in einer Übersicht zusammenstellt. Die Auswerteregeln und die Gewichtung der Themen werden zur Transparenz für die Anbieter in die Ausschreibungsunterlage übernommen. Ansonsten ist die Auswertematrix nur für den internen Gebrauch bestimmt.

Mit den erstellten Ausschreibungsunterlagen wird eine Ausschreibung durchgeführt. Die abgegebenen Angebote werden ausgewertet und die Ergebnisse in die Auswertematrix übertragen. Aus der Auswertung ergibt sich ein Ranking der Angebote. In der Regel sind die Angebote für Softwareprojekte umfangreich und nicht alle Ausführungen sind für den Auftraggeber klar verständlich.

Zur Klärung von Fragen werden Fachgespräche durchgeführt. Diese Termine können auch für Vergabegespräche genutzt werden, wenn das Vergabeverfahren dies zulässt (siehe Kap. 2.4.2). Aus diesen Klärungen ergeben sich noch Korrekturen der Bewertung. Damit ist nun eine vollständige Gegenüberstellung aller Angebote erreicht. Die vorab durch die Bewertungsmatrix erstellte Auswerteprozedur ermittelt nun den besten Anbieter. Hieraus resultiert dann eine Vergabeentscheidung.

3.4.3 Ausschreibungstechnische Angaben

Neben der Spezifikation sind die ausschreibungstechnischen Anforderungen ein weiterer Hauptbestandteil der Ausschreibungsunterlagen. Hierzu gehören:

- die Darstellung des gewählten Ausschreibungsverfahrens mit seinen wesentlichen Eckdaten
  Je nach Verfahren (siehe Kap. 3.4.4) sollten die Meilensteine des Ablaufs auf das konkrete Projekt umgesetzt werden und die wichtigsten Eckdaten mit Terminen versehen werden. Hierdurch wird die Konformität zum gewählten Verfahren dokumentiert und den Bietern einen Überblick über den Ablauf gegeben.
- der genaue Termin für die Abgabe des Angebots
  Um Missverständnisse oder unklare Situationen erst gar nicht aufkommen zu lassen, sollte der Termin der Abgabe des Angebots genau nach Anschrift, annehmender Stelle, Datum und genauer Zeit festgelegt werden. Es ist ausdrücklich darauf hinzuweisen, dass die rechtzeitige Beibringung von Angeboten an die bezeichnete Stelle in der Verantwortung des Bieters liegt.
  In der Praxis kommt es durchaus vor, dass Bieter durch Verkehrsstörungen oder postalische Hindernisse den Abgabetermin nicht einhalten können. **Verspätet eingehende Angebote müssen unbedingt vom weiteren Verfahren ausgeschlossen werden!** Ansonsten ist die ganze Ausschreibung anfechtbar.
  Der Eingang der Angebote ist zu protokollieren!
- Angaben zu der Stelle des Auftraggebers, die die Ausschreibung führt

Tab. 3.1 Muster für die Anforderungsbeschreibung

Position	Anforderung	Stellungnahme Anbieter
(1)	[Genaue Anforderungsbeschreibung]	Anforderung erfüllt ☐ Ja ☐ Nein ☐ Teilweise ☐ Sonstiges

- Ansprechpartner für Kontaktaufnahmen und Vorgaben für die Art der Kommunikation

  Es ist ratsam, für Fragen zur Ausschreibung genau definierte Ansprechpartner zu benennen. Üblicherweise werden hier jeweils ein Ansprechpartner für Fachfragen und einer für Verfahrensfragen benannt.

  Auch wenn es Mühe macht: die Kommunikation sollte schriftlich erfolgen. D.h., Anfragen von Bietern sollten per Brief, Fax oder E-Mail gestellt werden.

  Der Auftraggeber sollte die Anfragen sammeln und seine Antworten auch schriftlich **an alle Bieter** verteilen. Für Fragen der Bieter wird immer eine Frist gesetzt, so dass der Auftraggeber die Chance hat, die Fragen erschöpfend zu beantworten und der Bieter diese Antworten für sein Angebot noch berücksichtigen kann.

  Diese Vorgehensweise hat folgende Vorteile. Der Auftraggeber wird nicht durch ständige Telefonanrufe belästigt. Die Gleichbehandlung der Bieter wird sichergestellt und als solche auch dokumentiert.

- Angaben zur formalen Gestaltung des Angebots

  Festlegungen zur Form des Angebots verfolgen zwei Ziele:
  - Konformität zu den Grundsätzen der Ausschreibung und
  - Erleichterung der Auswertung.

  Unbedingt sollte sichergestellt werden, dass Angebote in verschlossener Weise in Empfang genommen werden. In der Regel haben die Einkaufabteilungen hierzu genaue Vorgaben erstellt, die den Bietern mitgeteilt werden. Ansonsten wird dringlich empfohlen, Regeln für die Abgabe von Angeboten zu erstellen, die die Konformität zu den Grundsätzen des Ausschreibungsverfahrens sicherstellen.

  Da mit einer Vielzahl von Angeboten zu rechnen ist, ist es ratsam, den Bietern einen formalen Weg zur Angebotsabgabe vorzuschreiben. Hierdurch werden die Vergleichbarkeit der Angebote und deren Auswertung wesentlich erleichtert. Wichtige Aspekte hierfür sind (Tab. 3.1):
  - Alle Anforderungen werden nummeriert.
  - Jede Anforderung enthält tatsächlich nur eine einzige Forderung an den Bieter.
  - Jede Anforderung ist eindeutig und präzise formuliert.
  - Die möglichen Antworten sind katalogisiert. Nur in speziellen Fällen wird ein (zusätzlicher) freier Antworttext zugelassen.

Tab. 3.2 Muster für K.O.-Anforderungen

Position	Anforderung	Stellungnahme Anbieter
(1)	[Genaue Anforderungsbeschreibung] K.O.-Kriterium!	Anforderung erfüllt ☐ Ja ☐ Nein

Tab. 3.3 Muster für konzeptionelle Anforderungen

Position	Anforderung	Stellungnahme Anbieter
(1)	[Genaue Beschreibung des Problemfalls und der erwarteten Leistung der vorgestellten Lösung des Bieters] [Benennung der Kriterien, nach denen die vorgeschlagene Lösung des Bieters bewertet wird]	(durch genaue Beschreibung der Lösung)

Softwareprojekte haben eine Besonderheit im Bezug auf Anforderungen. Immer wenn nach einer Lösung für ein bestimmtes Problem im Sinne einer Konzeption gesucht wird, hilft das oben vorgestellte Muster nicht weiter. Der Auftraggeber muss dann die Kriterien benennen, die ihm für eine Lösung wichtig sind und nach diesem Maßstab die entworfenen Lösungen der Anbieter auch bewerten (Tab. 3.3).

- Genaue Darstellung der erwarteten inhaltlichen Behandlung der gestellten Anforderungen
  Der Auftraggeber muss definieren,
  – wie die gestellten Anforderungen zu beantworten sind,
  – welche inhaltlichen Kriterien zu berücksichtigen sind und
  – wann Antworten als nicht geleistet zu bewerten sind.
- Darstellung der Bewertungsgrundsätze, des Bewertungsverfahrens und der Bewertung der Einzelanforderungen und der Ausschlusskriterien
  Im Prinzip gibt es drei verschiedene Arten von Anforderungen:
  – K.O.-Anforderungen;
  – Anforderungen, die eindeutig beantwortet werden können (werden erfüllt, werden nicht erfüllt, werden teilweise erfüllt);
  – Anforderungen, die eine Lösung für ein Problem fordern und wo die Qualität der Lösung ausschlaggebend ist.
  K.O.-Anforderungen sind Vorgaben, die der Bieter unbedingt erfüllen muss. Eine K.O.-Anforderung, die nicht erfüllt wird, führt ausnahmslos zum Ausschluss im Vergabeverfahren. Ein K.O:-Kriterium muss als solches unmissverständlich gekennzeichnet sein (Tab. 3.2).
  Die Einstufung als K.O.-Kriterium ist ein mächtiges Instrument für den Auftraggeber. Allerdings ist die Einordnung einer Anforderung in diesen Rang genau zu bedenken. Nur Anforderungen, die für einen Auftraggeber unverzichtbar sind, sollten auch tatsächlich so eingeordnet werden.

Diese Einordnung wirkt auch in anderer Hinsicht. Erfüllt ein Anbieter auch nur eine K.O.-Anforderung nicht oder nur teilweise, muss er vom Vergabeverfahren ausgeschlossen werden, selbst wenn er ansonsten hervorragende Ergebnisse in allen sonstigen Anforderungen zeigt. Hierzu ein praktisches Beispiel:

Ein Auftraggeber hatte vom Bieter eine Erklärung im Wortlaut der Vorgabe als K.O.-Kriterium gefordert. Der Bieter brachte eine selbst formulierte Erklärung bei, die sinngemäß gleich war, aber einen anderen Wortlaut hatte. Trotz eines sehr interessanten Angebots musste der Bieter ausgeschlossen werden.

K.O.-Kriterien dürfen nicht diskriminierend im Sinne der Gesetzgebung sein. „Es werden nur deutsche Firmen zugelassen", wäre eine diskriminierende Anforderung. Wohl aber zulässig wäre: „Der Anbieter muss eine Niederlassung in Deutschland haben".

Immer sollte versucht werden, Anforderungen so eindeutig und klar zu formulieren, dass sie mit „Ja" (im Sinne von: ist im Angebot enthalten) oder „Nein" beantwortet werden können. Dies ist in den meisten Fällen möglich.

Teilweise wird bei Softwareprojekten aber auch nach innovativen neuen Lösungen gesucht. Der Auftraggeber braucht hierzu nur das Problem zu beschreiben und wünscht sich eine „passende" Lösung hierzu. In diesem Fall muss er neben der Beschreibung des zu lösenden Problems die Kriterien benennen, nach denen er den Lösungsvorschlag des Bieters bewerten wird (Tab. 3.3).

- Anforderungen an den Bieter
  Anforderungen an den Bieter gliedern sich in zwei Kategorien:
  - Anforderungen an das Bieterunternehmen
  - Anforderungen an die Mitarbeiter des Bieterunternehmens

  Anforderungen an das Unternehmen des Bieters betreffen die Solidität, die Finanzkraft, die Kompetenz, die Erfahrung, die Sicherheit der Vertragserfüllung und die Referenzen des Unternehmens. Während diese teilweise durch Fakten belegt werden können, gibt es auch Kriterien, die sehr kritisch zu sehen sind.

  Ein Unternehmen kann eine Vielzahl von guten Referenzen haben. Entscheidend ist aber, ob diese Referenzen tatsächlich noch als Wissens- und Erfahrungsspektrum zur Verfügung stehen und ob diese dann wirklich dem Auftraggeber bereit gestellt werden. Bei vielen Unternehmen ist die Verweildauer eines fähigen Mitarbeiters in einer Abteilung gering. So kommt es, dass das tatsächliche Wissen zwar in der Firma verfügbar, aber nicht auslieferbar ist, weil der oder die entsprechenden Mitarbeiter in anderen Bereichen tätig geworden sind oder sogar abgekehrt sind.

  Große Firmen müssen nicht zwangsläufig leistungsfähig sein. Dauernde Umstrukturierungen, ein überdimensionierter Verwaltungsapparat und hierarchisches Gebaren können die Leistungsfähigkeit erheblich reduzieren.

  Kleine Firmen können durchaus leistungsfähig und flexibel sein. Anforderungen an den Bieter zu stellen, ist nicht das Problem; die Schwierigkeit besteht darin, die Darstellungen der Bieter – auch wenn sie objektiv fassbarer Natur sind - zu bewerten.

Deshalb wird empfohlen, nicht nur Leistungskriterien beim Bieter zu hinterfragen, sondern auch zu klären, auf welche Weise die dargelegte Leistungsfähigkeit auch beim Auftraggeber zur Entfaltung gebracht wird.

Typisches Beispiel: die Zertifizierung nach ISO 9001 ff.. Viele Bieter stellen ihre Zertifizierung nach ISO 9001 ff. heraus und suggerieren dadurch, Inhaltsqualität zu liefern. Diese Zertifizierung besagt aber nicht, dass Inhaltsqualität geliefert wird. Sie besagt nur, dass das Unternehmen Abläufe und Dokumentationen zum Qualitätsmanagement installiert hat. Ob diese dann tatsächlich eine inhaltliche Wirkung auf die Qualität der Lieferung haben, ist mit der Zertifizierung nicht belegt. Zu diesem Thema werden die „Kritische Anmerkungen über ISO 9000" von Harry Zindel empfohlen.

Viel aussagekräftiger sind Anforderungen an die Mitarbeiter eines Bieters. Wenn die Referenzen der Firma zu einem großen Teil durch den bereitgestellten Mitarbeiter erworben wurden, steht dem Auftraggeber wirklich die Erfahrung und die Qualität der Abwicklung zur Verfügung, für die die Referenz steht.

Um zu vermeiden, dass der Bieter nur mit der Qualität eines Mitarbeiters wirbt, ihn aber nicht für das Projekt dauerhaft bereitstellt, wird geraten, als Anforderung Qualifikationskriterien an die Mitarbeiter des Bieters zu stellen und zu fordern, dass die vorgesehenen Mitarbeiter später auch dauerhaft im Projekt eingesetzt werden.

Softwareprojekte können sehr komplex sein. Dann kann es durchaus sinnvoll sein, dass Fachfirmen sich zu Gemeinschaften zusammenschließen. Typische Konstrukte sind Bietergemeinschaften, Konsortien oder General- mit Subunternehmen. Zusammenschlüsse dieser Art sind zunächst wertneutral. Sie können positive wie negative Auswirkungen auf den Auftraggeber haben.

Gemeinschaften können durch die Spezialisierung der beteiligten Unternehmen und die Bündelung dieser Spezialisten sehr vorteilhaft sein. Leider sind auch negative Auswirkungen möglich, wenn z. B. der Generalunternehmer zur Gewinnmaximierung seine Subunternehmer ausschließlich nach preislichen Kriterien ausgesucht hat. Deshalb gilt es hier Anforderungen zu formulieren, die negative Auswirkungen auf den Auftraggeber vermeiden.

Die wichtigsten Punkte sind hierbei:

- Es muss eine eindeutige Festlegung geben, wer dem Auftraggeber gegenüber verantwortlich ist.
- Für alle Projektbelange sollte dies immer nur ein und dasselbe gleiche Unternehmen sein.
- Es muss ein Ansprechpartner des Bieters benannt werden (Projektleiter), der sämtliche Belange des Bieters gegenüber dem Auftraggeber verantwortlich vertritt und dessen Erklärungen ihm gegenüber verbindlich sind.
- Bedingungen, die für den Generalunternehmer bzw. Hauptkontraktor gelten, müssen auch von allen beteiligten Unternehmen der Gemeinschaft erfüllt werden.
- Die für die Erfüllung des Projektes herangezogenen Unternehmen müssen dem Auftraggeber vorab alle benannt werden.

– Für nachträglich hinzuzuziehende Unternehmen ist vom Auftraggeber eine Geneh-
   migung erforderlich. Dieser muss ein Recht haben, solchermaßen vorgeschlagene
   Unternehmen abzulehnen.

- Vertragsanforderungen
  Für den Auftraggeber ist es günstig, in die Ausschreibung Vertragsanforderungen aufzunehmen. Gegebenenfalls können die vertraglichen Anforderungen auch als K.O.-
  Kriterium benannt werden. Auf diese Weise stellt der Auftraggeber unmissverständlich
  klar, auf welcher Basis ein späterer Vertrag abgeschlossen wird.
  Auftragnehmer, die diesem Passus zugestimmt haben, können später nicht mehr Änderungen der Vertragsgrundlagen verlangen.

3.4.4 Ausschreibungsverfahren

Falls der Auftraggeber die Wahl des Ausschreibungsverfahrens hat, muss sorgfältig überlegt werden, welches Verfahren zur Anwendung kommt. Grundsätzlich sollte dies immer
ein offenes Verfahrensmodell sein. Bei Softwareprojekten gibt es hin und wieder Schwierigkeiten, die –wenn möglich – andere Verfahrensmodelle nahelegen.

Nicht immer kann eine Anforderung genau hinsichtlich der geforderten Lösung beschrieben werden. Vielmehr ist die Kreativität des Auftragnehmers, seine technische Inno-
vation oder seine Lösungskonzeption für bestimmte Problemsituationen gewünscht.

In diesen Fällen muss die Situation des Auftraggebers genau dargelegt und die Maßstä-
be, nach denen der Lösungsvorschlag bewertet wird, beschrieben werden. Auch kann es
sein, dass Lösungen nur von Firmen bearbeitet werden können, die ausgewiesenes Spezialwissen haben.

Dies kann andere Ausschreibungsverfahren als offene Verfahren nahelegen. In solchen
Fällen muss der Auftraggeber klären, ob diese für ihn zulässig sind und welche Voraussetzungen er erfüllen muss, um sie ordnungsgemäß durchzuführen. Ein Überblick über die
grundsätzlichen Möglichkeiten ist in Kap. 2.4.2 zusammengestellt.

3.4.5 Auswertematrix

Zur übersichtlichen Dokumentation der Ausschreibungsergebnisse wird die Führung einer Auswertematrix empfohlen, wie sie in Tab. 3.4 beispielhaft aufgeführt ist. Der methodische Aufbau richtet sich nach den Ausführungen des Kap. 2.5. Die Matrix ist folgendermaßen aufgebaut:

- Für jede Anforderungsposition wird eine Zeile der Matrix reserviert. In die erste Spalte wird die Positionsnummer gemäß der Position in der Ausschreibungsunterlage ge-
  schrieben.

Tab. 3.4 Auswertematrix

Position	Anforderung	Gewicht	Themenzugehörigkeit	Anbieter 1		Anbieter n	
				Punkte	gewichtete Punkte	Punkte	gewichtete Punkte
1	[Einzelanforderung]	7	2	4	28	10	70
2	[Einzelanforderung]	3	1	9	27	2	6
3	[Einzelanforderung]	10	3	3	30	4	40
4	[Einzelanforderung]	7	5	1	7	8	56
5	[Einzelanforderung]	5	4	6	30	5	25
n							

Thema 1: System

Thema 2: Grundfunktionen

Thema 3: Spezielle Funktionen

Thema 4: Arbeitsprozesse

Thema 5: Dienstleistungen

Gewichtete Summe Thema 1	27		6
Gewichtete Summe Thema 2	28		70
Gewichtete Summe Thema 3	30		40
Gewichtete Summe Thema 4	30		25
Gewichtete Summe Thema 5	7		56

- Die zweite Spalte enthält den Anforderungstext. Dies ist nicht zwingend notwendig, aber für die spätere Bearbeitung ist es leichter, wenn man zu jeder Position auch direkt einen Hinweis auf den Anforderungsinhalt hat.
- Jeder Anforderung wird ein Gewicht zugeordnet. Es wird eine Gewichtsskala von 1 (geringe Bedeutung) bis 10 (sehr wichtige Anforderung) vorgeschlagen. Ihrer Bedeutung entsprechend wird der Anforderung ein Gewicht zugeordnet.
- Da mit einer Vielzahl von Einzelanforderungen zu rechnen ist, ist es sinnvoll die Anforderungen zu strukturieren, indem man sie Themenbereichen zuordnet. Im Beispielfall wurden 5 Themenbereiche definiert. Diese Aufteilung hat neben der Übersicht noch einen wichtigen auswertetechnischen Grund. Werden die gesamten Auswerteergebnisse zu nur einer Bewertungszahl zusammengefasst, so könnte das schlechte Abschneiden in einem Bereich durch sehr gute Ergebnisse in einem anderen vollkommen kompensiert werden.
  Ein bezüglich seiner Funktionalität denkbar schlechtes System würde gar nicht sichtbar werden, wenn sehr gute Serviceleistungen dem entgegenstünden. Die Auswertung muss aber einen guten Vergleich der charakteristischen Hauptmerkmale der Angebote geben. Diese Hauptmerkmale werden hier als Themenbereiche definiert und jede Anforderung wird einem davon zugeordnet.
- Jeweils zwei Spalten sind für die Angebotsbewertung eines Anbieters reserviert. In die erste der beiden Spalten wird die Punktebewertung eingetragen, die er bei der Angebotsauswertung erlangt hat.
  Die zweite Spalte ergibt die gewichtete Punktezahl (Erreichte Punktzahl mal Gewicht). Diese Konstruktion sorgt dafür, dass Angebote, die eine hohe Punktzahl bezüglich einer wichtigen Anforderung erreichen, sich abheben und so deutlicher erkennbar wird, welches System am besten zum definierten Anforderungsspektrum passt.

- Schließlich werden pro Themenbereich und Anbieter Punktsummen über die gewichteten Punkte gebildet. Damit steht fest, wer in welchen Themenbereichen das beste Angebot abgegeben hat.
- Da K.O.-Kriterien letztlich „nur" über die Teilnahme am Auswerteverfahren entscheiden, werden diese dem Themenbereich „0" zugewiesen und damit nicht bepunktet.

Im Folgeschritt geht es nun darum, das Bewertungsverfahren für das Gesamtangebot festzulegen. Hierzu muss man zunächst das Verhältnis der Themenbereiche untereinander festlegen. Neben den bereits erwähnten kommt nun noch der Bereich der Kosten hinzu.

Nun werden zunächst die Kosten der Software und des Projektes zusammengestellt (Tab. 3.5).

Die Zusammenstellung berücksichtigt einmalig und kontinuierlich anfallende Kosten. Auf wie viele Jahre Service und Wartung mit berücksichtigt werden, liegt im Ermessen des Auftraggebers. Im obigen Beispiel wurde von fünf Jahren ausgegangen. Über die veranschlagte Zeit wird jetzt für jeden Anbieter die Gesamtsumme der Kosten ermittelt.

Dann wird die Bedeutung der Themenbereiche zueinander festgelegt (Tab. 3.6). Hierdurch setzt der Auftraggeber die Akzente auf die Themen, die ihm besonders wichtig sind. In dem Beispiel räumt er dem gesamten System und der Dienstleistung eine weitaus höhere Bedeutung als den Kosten ein. Damit legt er Wert auf die Qualität des Produktes und des Lieferanten.

Im Folgenden geht es darum, die Themenbereiche zu normieren, damit sie zueinander in Bezug gesetzt werden können. Die Art der Normierung kann vom Auftraggeber gewählt werden. An dieser Stelle wird das Beispiel mit einem Normierungsvorschlag weiter geführt.

Dem Normierungsvorschlag liegt die Vorstellung zugrunde, dass ein idealer Anbieter jede Anforderung zur vollen Zufriedenheiten des Auftraggebers erfüllt. Dieser würde dann jede Anforderung mit acht Punkten bewertet bekommen.Natürlich könnte man auch pauschal mit zehn Punkten bewerten. Aber die Bewertung mit acht Punkten für volle Zufriedenheit bietet die Chance, dass besonders gute Lösungen zu Anforderungen auch herausragend bewertet werden können.

Ein nach obiger Definition idealer Anbieter erreichte somit für jede Anforderung acht Punkte und käme damit auf die nachfolgend dargestellten Punktesummen, die als „erreichbare Punktezahlen" benannt werden (Tab. 3.7).

Für jeden Anbieter und Themenbereich wird nun die normierte Punktzahl ermittelt, also erreichte Punktzahl/erreichbare Punktzahl x 100 (Tab. 3.8).

Zur Normierung der Kosten wird der Bezug zum niedrigsten abgegebenen Gesamtpreis hergestellt, also Normierte Punktzahl = Niedrigstes Gesamtkostenangebot/Gesamtkosten des Anbieters x 100 (Tab. 3.9).

Mit dem letzten Schritt wird für jeden Anbieter und Themenbereich die gewichtete normierte Punktzahl ermittelt (Gewicht des Themenbereiches x Normierte Punktzahl) (Tab. 3.10)

Tab. 3.5 Beispiel einer Kostenzusammenstellung

Thema	Anbieter 1 (€)	Anbieter 2 (€)
Softwarelizenzen für die Datenbank	2.510,00	1.704,00
Softwarelizenzen für das Grundsystem	23.342,00	12.500,00
Zusatzmodule zur Herstellung der gesamten gewünschten Funktionalität	6.336,00	12.500,00
Benötigte Fremdsoftware	0,00	9.700,00
Software zur Übernahme von Daten und Betrieb der Schnittstellen	9.803,20	15.330,00
Speziell zu erstellende Software	0,00	8.000,00
Erstellen des Pflichtenheftes	5.000,00	7.000,00
Projektmanagement	8.000,00	9.000,00
Betriebsfertige Lieferung, Aufstellung und Einrichtung der gesamten Software	5.200,00	1.540,00
Datenmigrationen und -übernahmen	7.500,00	2.100,00
Schulungen	10.000,00	12.000,00
Dokumentationsarbeiten	3.750,00	1.700,00
Sämtliche sonstigen erforderlichen Dienstleistungen zur sachgerechten Realisierung des Gesamtprojektes	0,00	0,00
Summe	*81.441,20*	*93.074,00*
Service und Wartung Jahr 1	8.183,20	3.300,00
Service und Wartung Jahr 2	8.183,20	3.300,00
Service und Wartung Jahr 3	8.183,20	3.300,00
Service und Wartung Jahr 4	8.183,20	3.300,00
Service und Wartung Jahr 5	8.183,20	3.300,00
Summe laufende Kosten	*40.916,00*	*16.500,00*
Gesamtsumme bei 5-jähriger Nutzung	*122.357,20*	*109.574,00*

Tab. 3.6 Gewichtung der Themenbereiche

Kategorien	Gewichtung (%)
System	5
Grundfunktionen	10
Spezielle Funktionen	15
Arbeitsprozesse	15
Dienstleistungen	25
Gesamtkosten des Systems	30

Tab. 3.7 Erreichbare
Punktzahlen

Themenbereich	Erreichbare Punkte
1	24
2	56
3	80
4	40
5	56

Da die Auswertematrix letztlich das Bewertungsverfahren dokumentiert, sollte sie mit der Veröffentlichung der Ausschreibung aufgestellt und beim Einkauf hinterlegt werden. Dem Auftraggeber wird dringend geraten, mit der entworfenen Auswertematrix Angebotssituationen durchzuspielen, damit erkannt werden kann, ob die Gruppierung in Themenbereiche und die getroffene Gewichtung auch seiner Vorstellung entspricht.

Dazu bildet man Modellfälle und prüft, wie stark sich Veränderungen auswirken. Die wichtigsten Varianten sind dabei:

- Unterschiedliche Bildung von Themenbereichen
- Modifikation der Gewichte der Themenbereiche
  Hierdurch wird die gegenseitige Einflussnahme der Themenbereiche untereinander transparent.
- Modifikation der Gesamtpreise
  Hierdurch wird deutlich, wie sehr Preisunterschiede das Ranking der Anbieter beeinflussen.

Die Auswertematrix ist extrem nützlich für die Angebotsauswertung, weil sie ein objektiv nachvollziehbares Modell zur Findung des besten Angebots darstellt. Dazu muss aber *unbedingt* sichergestellt sein, dass die aufgestellte Matrix die Bewertungsvorstellung repräsentiert. Durch die Festlegung dieser Matrix bindet sich der Auftraggeber an das Bewertungsmodell. Das ist dann kein Problem, wenn man mit Sorgfalt die Strukturierung der Themenbereiche und deren Gewichtungen entworfen und getestet hat.

Tab. 3.8 Normierte Punktzahlen

Themenbe-reich	Erreichbare Punktzahl	Anbieter 1		Anbieter 2	
		Erreichte Punktzahl	Normierte Punktzahl	Erreichte Punktzahl	Normierte Punktzahl
Thema 1	27	27	100	6	22,2222222
Thema 2	56	28	50	70	125
Thema 3	80	30	37,5	40	50
Thema 4	40	30	75	25	62,5
Thema 5	56	7	12,5	56	100

Tab. 3.9 Normierung der Kosten

Niedrigste Gesamtkosten	Anbieter 1		Anbieter 2	
	Gesamtkosten	Normierte Punktzahl	Gesamtkosten	Normierte Punktzahl
109.574,00 €	122.357,20 €	89,55	109.574,00 €	100,00

Tab. 3.10 Gesamtauswertung

	Gewicht	Anbieter 1		Anbieter 2	
		Normierte Punktzahl	Gewichtete normierte Punktzahl	Normierte Punktzahl	Gewichtete normierte Punktzahl
Thema 1	5	100	500	22,2222222	111
Thema 2	10	50	400	125	1000
Thema 3	15	37,5	1125	50	1500
Thema 4	15	75	1500	62,5	1250
Thema 5	25	12,5	312,5	100	2500
Gesamtkosten	30	89,5	2685	100	3000
Summe			6522,5		9361

Für die Erstellung der Auswertematrix eignen sich Tabellenkalkulationsprogramme am besten. Mit Hilfe eines solchen Programms sollte die Auswertematrix so weit vorbereitet werden, dass zum Zeitpunkt der Angebotsauswertung nur noch Punkte und Kosten eingetragen werden müssen.

3.4.6   Auswertung

Hat man die Anforderungen an die Angebote nach den Vorschlägen des Kapitels Ausschreibungstechnische Angaben 3.4.3 definiert, kann die Auswertung der Ausschreibung nach folgender Systematik stattfinden:

- Für jede Anforderungsposition werden die eingegangenen Angebote gesichtet.
- Für jede Anforderungsposition wird ein Ranking der Angebote durchgeführt.
- Wenn das beste Angebot zu einer Position die gestellte Anforderung voll erfüllt, bekommt diese Position des Anbieters die volle mögliche Punktzahl. Erfüllt das beste Angebot die Anforderung nicht voll, wird dem Erfüllungsgrad entsprechend eine niedrigere Punktzahl vergeben.
- Die anderen Angebote bekommen ihrem Ranking entsprechend eine gegenüber dem besten Angebot abgestufte Punktzahl. Angebotspositionen mit gleichem Erfüllungsgrad müssen natürlich die gleiche Punktebewertung bekommen.

Auf diese Weise wird jede Einzelposition dem Vergleich der Angebote unterzogen. Es ist ratsam, die Gründe für Abschläge zur vollen Punktzahl stichwortartig in einem Protokoll oder als Kommentar in der Auswertematrix festzuhalten. Dies dient später zur Vorbereitung der Fachgespräche und ist eine wichtige Hilfe, falls Einreden zu behandeln sind. Außerdem wird durch die vorgeschlagene Vorgehensweise die objektive Auswertung der eingegangenen Angebote dokumentiert.

Die erreichten Punkte werden nun in die Auswertematrix eingetragen. Dann werden die Kosten in die dafür vorgesehenen Zellen eingetragen. Bei der Ermittlung der Kosten ist streng darauf zu achten,

- ob der Anbieter die Kosten nach der definierten Preisliste aufgeschlüsselt hat;
- ob alle Kosten aufgeführt sind;
- dass es keine Überschneidungen von Kostenpositionen gibt und
- dass die Zeitpunkte klar ersichtlich sind, wann und in welcher Höhe Kosten entstehen.

Mit Hilfe der Auswertematrix bekommt man dann unmittelbar das Ergebnis der Auswertung. In der Regel muss dies als das vorläufige Ergebnis angesehen werden, weil mit Sicherheit nicht alle aufgeführten Punkte eines Angebots so klar sind, dass sie sicher bewertet werden können. Unklare Punkte werden markiert und im Fachgespräch (Kap. 3.4.7) geklärt.

Trotzdem gewinnt man sofort einen Überblick über das Ranking und über Stärken und Schwächen von Systemen und Anbietern.

3.4.7   Fach- und Vergabegespräche

Je nach gewähltem bzw. vorgeschriebenem Ausschreibungsverfahren sind Vergabegespräche im Sinne von Preisverhandlungen nicht zulässig, wohl aber Fachgespräche. Aus Vollständigkeitsgründen wird hier der gesamte Umfang behandelt.

Eine Eigenart von Softwareprojekten ist ihre Individualität. Während es z. B. im Baubereich eine recht weitgehende Normung bzw. Standardisierung gibt, ist ein Softwareprojekt immer eine einzigartige Maßnahme, die man aus Rationalisierungsgründen mit veränder- oder anpassbaren Standardprodukten realisiert. Was individuell erreicht werden soll, muss dementsprechend auch beschrieben sein.

Umgekehrt muss das Angebot eines Bieters recht dediziert auf die Anforderungen des Auftraggebers eingehen. Diese gegenseitige Kommunikationsanforderung ist zusätzlich schwierig, weil sich verschiedene Fachdisziplinen (Fachanwender und IT-Spezialisten) austauschen müssen. Während Verständnisschwierigkeiten der Anbieter zu den Anforderungen durch Rückfragen während der Ausschreibungsphase geklärt werden können, muss auch dem Auftraggeber die Möglichkeit gegeben werden, Klärungen bezüglich des eingereichten Angebots einzuholen.

Dies ist am besten in einem Fachgespräch möglich. Hierzu sammelt der Auftraggeber die Fragen, die sich während der Auswertung der Angebote ergeben haben und klärt sie mit dem Anbieter. Falls sich bei der Klärung ein falsches Verständnis einer Angebotsposition herausstellt, ist dies zu protokollieren und die Bewertung in der Bewertungsmatrix zu korrigieren.

Sollte das Vergabeverfahren noch Verhandlungen zulassen, können diese im Termin angeschlossen werden. Sie führen dann zu einem finalen Angebot, welches wiederum in seinen zum ursprünglichen Angebot veränderten Positionen neu bewertet werden muss.

Durch die Nutzung der Auswertematrix steht dann unmittelbar fest, welcher Bieter nach den aufgestellten Regeln der Bewertungsmatrix das beste Angebot gelegt hat.

3.5 Vertragsgestaltung

Die Vertragsgestaltung gehört mit zu den wichtigsten Erfolgsfaktoren eines Softwareprojektes. Dabei haben die fachliche Definition der Leistungen des Auftragnehmers über die Spezifikation und die Festlegung der Rechtspositionen zwischen Auftraggeber und –nehmer höchste Bedeutung. Beide Komponenten sind gleichermaßen wichtig und ihre qualitativ gute Gestaltung sind notwendige Bedingungen für ein erfolgreiches Projekt.

In den vorangegangenen Kapiteln wurde auf die Erfordernisse für die Spezifikation der Anforderungen eingegangen. Jetzt wird die Rechtsposition des Auftraggebers im Vertragswerk fokussiert. Ausgangspunkt hierfür ist die in Kap. 2.6 entwickelte Vertragsstrategie.

3.5.1 Vertragsgrundlagen

Softwareprojekte haben eine eigene Charakteristik, der auch hinsichtlich der vertraglichen Grundlagen Rechnung getragen werden muss. Angebote von Bietern beziehen sich grundsätzlich auf deren Allgemeine Geschäftsbedingungen. Diese sind natürlich zugunsten des Auftragnehmers gestaltet.

Auftraggeber glauben ihre Rechtsposition dadurch zu stärken, indem sie ihre Geschäftsoder Einkaufsbedingungen zur Vertragsgrundlage erheben. Dieser Gedanke ist grundsätzlich nicht falsch. Die Allgemeinen Geschäftsbedingungen sind aber normalerweise für Standardgeschäfte erstellt worden. Sie berücksichtigen nicht die besondere Charakteristik von Softwareprojekten und schaffen so für den Auftraggeber keine Rechtssicherheit.

Eine Möglichkeit ist, eigene Vertragsbedingungen entwickeln zu lassen. Diese Aufgabe kann nur von spezialisierten Rechtsanwaltsbüros übernommen werden, die sowohl über IT-Kompetenz als auch Spezialwissen im Vergabe- und Vertragsrecht verfügen. Entsprechend hoch sind die Honorare, die hierfür zu zahlen sind. In der Regel lohnt sich dieser Weg nur für Großunternehmen, die häufiger Softwareprojekte durchführen.

Selbst wenn eigene spezielle Geschäftsbedingungen für Softwareprojekte vorhanden sind, ergibt sich immer noch das Problem der Durchsetzung. Große Unternehmen werden

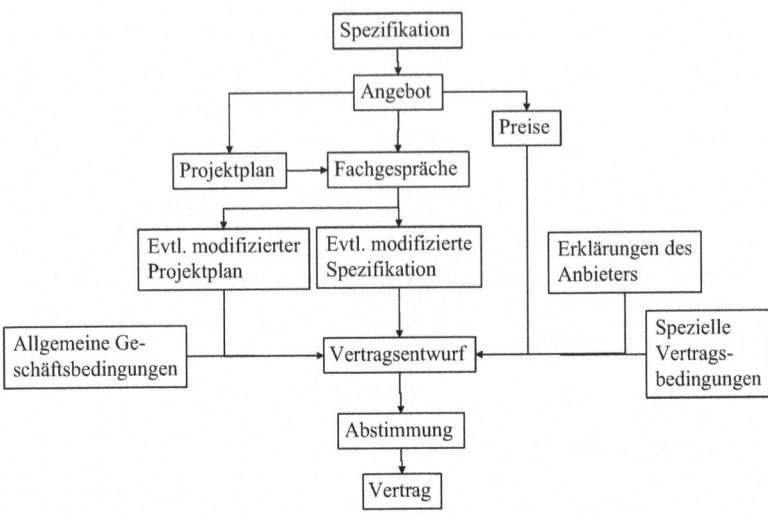

Abb. 3.5 Vertragsentwicklung

aufgrund ihrer Marktmacht hier durchaus Chancen haben, aber die Erfahrung zeigt, dass Anbieter diese Bedingungen in der Regel dann auch noch verhandeln möchten.

Eine gute Alternative stellen die EVB-IT Vertragsgrundlagen dar (Ergänzende Vertragsbedingungen für die Beschaffung von IT-Leistungen). Diese wurden vom Kooperationsausschuss ADV Bund/Länder/Kommunaler Bereich (KoopA ADV)in Abstimmung mit dem Bundesverband Informationswirtschaft, Telekommunikation und neue Medien e. V. (BITKOM) entwickelt und formuliert. Sie berücksichtigen die Besonderheiten von Softwareprojekten, sind öffentlich zugänglich und werden auch überwiegend von Anbietern akzeptiert.

Auf der Internetseite des Beauftragten der Bundesregierung für Informationstechnik lassen sich nicht nur diese Allgemeinen Geschäftsbedingungen sondern auch Vertragsmuster herunterladen, die eine wirkungsvolle Unterstützung für die Vertragsgestaltung darstellen.

3.5.2 Praktische Durchführung

Die praktische Durchführung orientiert sich am folgenden Verfahrensmuster der Vertragserstellung (Abb. 3.5).

In den Vertrag gehen ein:

- die (modifizierte) Spezifikation
  Aus dem Angebot bzw. aus den Fachgesprächen kann sich die Zweckmäßigkeit ergeben, einzelne Teile der Spezifikation zu modifizieren. In diesem Fall macht man die geänderte Spezifikation zur Vertragsgrundlage.
  Typische Änderungsszenarien sind:

- der Auftraggeber hatte in den Ausschreibungsunterlagen eine Konzeption für eine bestimmte Problemsituation verlangt. Die vom Auftragnehmer beschriebene Konzeption sagt dem Auftraggeber zu und wird deshalb in die Spezifikation aufgenommen.
- der Auftragnehmer kann eine Anforderung besser erfüllen, als gefordert war.
- der Auftragnehmer kann eine Anforderung nicht oder nur über eine Umgehung erfüllen. Dann wird die Anforderung aus dem Vertragswerk herausgenommen bzw. der Auftraggeber akzeptiert die Umgehungslösung.

• die im Angebot dargelegten Preise
• der (modifizierte) Projektplan
  Da der Auftragnehmer noch keine hinreichenden Informationen über den Auftraggeber hat, werden naturgemäß nicht alle relevanten Aspekte des Auftraggebers im angebotenen Projektplan berücksichtigt. Insofern muss der dieser Projektplan noch modifiziert werden.
• die Allgemeinen Geschäftsbedingungen des Auftraggebers
• die Erklärungen des Anbieters
  Falls vom Auftragnehmer im Angebot spezielle Erklärungen gefordert waren (z. B. von keinem Insolvenzverfahren betroffen o.ä.), werden diese auch in das Vertragswerk mit übernommen.
• spezielle Vertragsbedingungen für IT-Leistungen des Auftraggebers.
  Es ist in jedem Fall vorteilhaft, spezielle Vertragsbedingungen für IT-Leistungen (als Allgemeine Geschäftsbedingungen) mit aufzunehmen. Wenn gleichzeitig die Allgemeinen Geschäftsbedingungen des Auftraggebers mit einfließen sollen, muss darauf geachtet werden, dass sich beide Vertragsunterlagen nicht widersprechen.

Bei Verträgen, die aus mehreren verschiedenen Unterlagen bestehen, muss die Rangfolge der Bedeutung der Unterlagen angegeben werden!
Der so gefertigte Entwurf wird dem Bieter, der die Ausschreibung gewonnen hat, zur Kenntnisnahme und Abstimmung zugeschickt. Da der Vertragsentwurf sich analytisch aus den beschriebenen Unterlagen herleitet, kann es nur geringfügige Korrekturwünsche des Bieters geben. Voraussetzung dafür ist, dass der Abschluss des Vertrags auf der Basis der Geschäftsbedingungen des Auftraggebers als eine K.O.-Bedingung der Ausschreibung festgelegt wurde.

3.5.3 Projektplanung

Ganz wesentlich für die Vertragsabwicklung, die Rechtsposition des Auftraggebers und das Controlling des Projektes ist der Projektplan. Er sollte im Rahmen des Ausschreibungsverfahrens in seinen Grundzügen sukzessiv entwickelt (Abb. 3.6) und im Projektablauf detailliert werden.

Abb. 3.6 Entwicklung
Projektplan

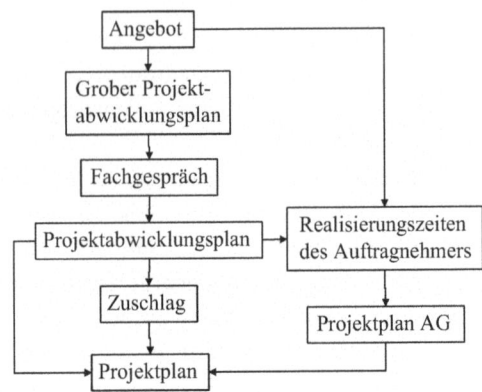

Für das Angebot sollte der Auftraggeber einen groben Projektabwicklungsplan des Bieters fordern, aus dem erkennbar wird:

- die Gliederung in Projektphasen;
- Hauptaktionen, deren zeitliche Abfolge und deren Verkettung;
- die Hauptaktionen des Auftraggebers
- die Meilensteine des Projektes.

Zur Vorbereitung auf das Fachgespräch sollte auch der Auftraggeber einen groben Projektabwicklungsplan entwerfen. Die Realisierungszeiten für Hauptaktionen des Auftragnehmers entnimmt er dabei aus diesem Plan. Wichtig hierbei ist das selbstständige Durchdenken des Projektablaufs. Es ist zu kontrollieren:

- Sind alle wesentlichen Aktivitäten des Auftraggebers aufgeführt.
- Sind diese Aktivitäten hinsichtlich Zeitdauer und Zeitpunkt passend.
- Stehen für die angegebenen Aktivitäten des Auftraggebers die geeigneten Personen zur Verfügung.

Aus diesen Überlegungen heraus ergeben sich Modifikationsanforderungen, die nach dem Zuschlag mit dem Auftragnehmer besprochen werden sollten. Der so abgestimmte Projektplan wird dann Bestandteil des Vertrags.
    Typische kritische Punkte des vom Auftragnehmer entworfenen Projektplans sind:

- Aktivitäten des Auftraggebers sind nicht oder nur unvollständig aufgeführt.
- Die Dauer der Aktivitäten des Auftraggebers ist zu kurz eingeplant.
- Das Projekt ist nicht genügend strukturiert.
- Der Inhalt einer Projektphase ist zu umfangreich.
- Es gibt nur einen Abnahmetermin am Ende des Projektes.
- Der Umfang der zur Abnahme bereitstehenden Lieferungen ist zu groß.

- Es werden Softwareinstallationen vorgenommen und direkt berechnet, ohne dass der Auftraggeber die Chance zum Test und zur Teilabnahme hat.
- Aktivitäten des Kunden fallen in die Ferienzeiten.
- Die gesamte Realisierungszeit wird zu kurz eingeschätzt.

Mängel des Projektplans oder aus dem Projektplan resultierende Nachteile für den Auftraggeber fallen am ehesten auf, wenn man sich selbst **unabhängig vom Auftragnehmer** mit der Abwicklung des Projektes auseinandergesetzt hat. Ansonsten hat man kaum eine Chance, Nachteile zu entdecken, wenn man ohne Vorbereitung einen ausgearbeiteten Plan beurteilen soll.

Wenn nicht außergewöhnliche Ereignisse oder Anforderungen Zeitpunkte für die Erledigung vorgeben, sollte der Projektplan so aufgestellt werden, dass Auftraggebern und –nehmern angemessene Zeiträume für die Erledigung ihrer Arbeiten eingeräumt werden. Der Versuch, dem Auftragnehmer enge Termine zu setzen, fällt direkt auf den Auftraggeber zurück. Der Auftraggeber sollte bedenken, dass er Mitwirkungspflichten hat (Bereitstellen von Unterlagen oder Daten, Feinspezifikation, Reviews, Abnahmen). In einem engen vorgegebenen Zeitraum werden notwendigerweise auch seine Zeiträume kleiner.

Sobald ein Auftraggeber seine Zeiten für Bearbeitungen laut Projektplan nicht einhält, kann der Auftragnehmer für sich in Anspruch nehmen, dass seine gesamte Projektplanung damit verwirkt ist. Neben dem Zeitverzug kommt noch eine weitere unangenehme Konsequenz auf den Auftraggeber zu: er kann nicht mehr die Einhaltung des Endtermins fordern. Weiterhin sind Pönalregelungen verwirkt, weil der Auftragnehmer immer argumentieren wird, dass Verzögerungen in der Leistungserbringung durch die Zeitüberschreitung des Auftraggebers verursacht wurden. Der Auftraggeber verliert so seine das Projekt kontrollierende Funktion.

Eine gute Projektplanung identifiziert kritische Projektphasen und schafft Sicherheiten. Da ein Projekt laut Definition eine außergewöhnliche, nicht Routineabläufen unterliegende Maßnahme ist, muss man davon ausgehen, dass Unvorhersehbares passiert und dementsprechend einkalkuliert werden muss. Praktisch bedeutet dies:

- Kritische Projektphasen sollten mit zeitlichen Puffern versehen werden.
  Ein typisches Beispiel sind Abnahmen. Es kommt leider häufig vor, dass Lieferungen so große Mängel haben, dass Abnahmen nicht ausgesprochen werden können. Während man gewöhnlich den Auftragnehmern in den Allgemeinen Geschäftsbedingungen die Pflicht auferlegt, den Zeitverlust, der durch Überarbeitung des Systems und erneute Beantragung der Abnahme entsteht, auf deren Kosten zu kompensieren, entstehen für den Auftraggeber zusätzliche (zeitliche) Aufwände durch die erneute Abnahmeprüfung.
  Sind die verfügbaren Mitarbeiter aber schon komplett für Folgeaktivitäten im Projekt verplant, kommt der Auftraggeber unverschuldet in zeitliche Engpässe. Erfahrene Projektmanager kalkulieren hier zeitliche Puffer ein. Niemand wird sich beschweren, wenn diese Puffer nicht genutzt werden müssen und dadurch das Projekt früher fertig wird

als geplant. Kommt es tatsächlich zu Wiederholung der Abnahme, kommt der Auftraggeber aber nicht unter Druck und behält die Projektkontrolle.

• Kritische Projektphasen brauchen einen Alternativplan
  Ein guter Projektmanager begnügt sich nicht mit der Planung eines erfolgreich ab-
  laufenden Projektes. Er identifiziert die Projektrisiken und muss für kritische Projektphasen immer einen „Plan B" vorhalten. Störungen im Projektablauf stellen immer
  Stresssituationen dar. Natürlich kann man nicht alle Möglichkeiten vorsehen und dazu
  Alternativen entwickeln. Aber für die identifizierten Risiken sollten diese Überlegungen auf jeden Fall durchgeführt und entsprechende Alternativplanungen vorgehalten
  werden.
  Typisches Beispiel ist die (Teil-)Produktivsetzung einer Software. Neben dem Ablauf
  der Umsetzung sollte genauso der Ablauf der misslungenen Produktivsetzung und
  Rückkehr zum bisherigen Praxisbetrieb durchgeplant werden.

3.6 Qualitätsmanagement

Bevor das Projekt in seine Realisierungsphase kommt, sollte ein Qualitätsmanagement
entwickelt und dann eingeführt werden. Das Qualitätsmanagement sollte folgende Punkte
behandeln:

• Allgemeine Festlegungen
• Projektorganisation
• Testkonzept
• Projektbegleitende Dateien, Datenbanken oder Applikationen
• Verfahrensabläufe
• Dokumentationen

Das Qualitätsmanagement hat eine hohe Bedeutung für den Erfolg eines Softwareprojektes. Es schafft sowohl genaue Regelungen für Auftraggeber und Auftragnehmer, als auch
alle Maßnahmen, die ein Auftraggeber zur erfolgreichen Projektverwaltung und Kontrolle
benötigt. In vielen Projekten sieht man die Notwendigkeit für ein Qualitätsmanagement
erst im Laufe des Projektes ein und versucht dann noch entsprechende Regelungen zu
schaffen.

  Da aber nicht alle Abläufe im Projekt nach ihrer Etablierung umkehrbar sind, der Auftraggeber in zeitliche Probleme kommt und der Auftragnehmer u. U. geänderten Abläufen
widersprechen kann, gelingt die nachträgliche Einführung eines Qualitätsmanagements
nur zu Teilen.

  Es wird dringlich empfohlen, das Qualitätsmanagement schon vor der Ausschreibung
zu entwickeln und es zum verpflichtenden Vertragsgegenstand zu machen. So sichert sich
der Auftraggeber maximale Steuerungsmöglichkeiten für das Projekt und die größten Er-
folgsaussichten.

Nun mag eingewendet werden, dass sich doch oft die Softwarelieferanten und Dienstleister auf ihr zertifiziertes Qualitätsmanagement berufen. Wieso soll es dann sinnvoll sein, ein eigenes Qualitätsmanagement zu entwickeln?

Kurz gesagt:

- das Qualitätsmanagement des Auftraggebers berücksichtigt natürlich seine ureigenen Interessen und
- leider stellt sich in der Praxis viel zu oft heraus, dass das titulierte Qualitätsmanagement des Auftragnehmers von ihm nicht gelebt wird oder aus welchen Gründen auch immer (Kosten?) nicht zur Anwendung kommt. Die Zertifizierung nach ISO 9001 ff. ist keinesfalls Garant dafür, dass die Softwarelieferanten auch die Regelungen wirklich anwenden. Das ist die traurige Erfahrung aus einer über 20jährigen Praxis mit Softwareprojekten.

Für den Auftraggeber mag die Entwicklung eines Qualitätsmanagements für Softwareprojekte zunächst lästig erscheinen. Im weiteren Verlauf wird aber deutlich werden, welche Vorteile er sich dadurch sichert. Das entwickelte Qualitätsmanagement sollte in einem QM-Handbuch dokumentiert werden. Mit Sicherheit wird der Auftraggeber im Laufe der Jahre mehrere Softwareprojekte durchführen (müssen), so dass das einmal erstellte Qualitätsmanagement wieder verwendet werden kann. Die gewonnenen Erfahrungen kann er in die Überarbeitung des QM-Handbuchs einfließen lassen und sein Qualitätsmanagement auf diese Weise weiter optimieren.

3.6.1 Allgemeine Festlegungen

Scheinbar nichtige Details können später große Aufwände nach sich ziehen. Deshalb sollen hier einige Empfehlungen gegeben werden, die der Aufwandsminimierung dienen.

Im QM-Handbuch sollten Festlegungen getroffen werden, wie:

- Schriftsprache
- Form- und Ausführungsvorgaben von Dokumenten
- Bezeichnungskonventionen von Dokumenten
- Werkzeuge für die Erstellung von Dokumenten
- Zulässige Dateiformate

Im Projekt entsteht eine Vielzahl von Dokumenten. Deshalb müssen Ordnungskriterien geschaffen werden, damit

- eine Übersicht über die Dokumente gewahrt wird,
- verteilte Arbeit an Dokumenten zu gleichen Form- und Inhaltsstrukturen führen,

- zu jedem Zeitpunkt geklärt ist, wer wann der Eigentümer eines Dokuments ist und wer der Nutzer,
- die Dokumente, die über den Projektablauf hinaus weiter gepflegt werden auch durch den Auftraggeber weiter pflegbar sind.

3.6.2   Projektorganisation

Die Projektorganisation beschreibt

- die Gremien, die für das Projekt installiert werden,
- die Aufgaben und Verantwortlichkeiten der Gremien,
- die Aufgaben und Verantwortlichkeiten der Projektmitarbeiter,
- die Stellung und Funktion der Gremien und Projektmitarbeiter gegenüber dem Auftragnehmer.

3.6.3   Testkonzept und Testfälle

Zum Abschluss einer Projektphase muss beurteilt werden, ob die hierfür definierten Leistungen vom Auftragnehmer vertragsgemäß erbracht wurden. Hierzu sind Tests des gelieferten und installierten Softwarestandes und der sonstigen Lieferungen erforderlich. Angesichts der Menge der Anforderungen ist die rechtzeitige und systematische Vorbereitung dieser Tests angeraten.

Zu oft degeneriert das Testen der Lieferungen in der Praxis zum reinen Spiel- und Experimentierbetrieb mit der neuen Software. Angesichts der weitreichenden Konsequenzen, die Tests und die damit verbundenen Abnahmen haben (siehe Kap. 3.6.5.6), muss sich der Auftraggeber zu aussagekräftigen Tests zwingen.

Es wird ein zweistufiger Aufbau empfohlen:

- Entwicklung eines Testkonzeptes und
- Entwicklung von Testfällen auf der Basis des Testkonzeptes.

Das Testkonzept ist ein Regelwerk. Für jede Anforderungsart ist beschrieben, wie Testfälle konzipiert und nach welchen Kriterien sie aufgebaut werden sollen. Anhand des Testkonzeptes werden dann die konkreten Testfälle für jede einzelne Anforderung entwickelt.

Für diese Entwicklung sichtet man die vertraglich definierten Anforderungen (siehe auch ADB, Kap. 3.6.4.1) und gruppiert sie nach ihrer Art. So entstehen z. B. funktionale, datentechnische, systemtechnische, migrationstechnische Gruppen von Anforderungen.

Für jede Gruppencharakteristik wird nun überlegt, wie der Test am besten gestaltet wird und welche Testkriterien eine Rolle spielen, um die Qualität der Lieferung zu überprüfen. Auf diese Weise entsteht eine Handlungsanweisung, wie konkrete Testfälle für eine bestimmte Anforderungsart zu entwickeln sind.

Diese Vorgehensweise hat den Vorteil, dass die Erstellung der Testfälle delegierbar und parallelisierbar ist. Obwohl verschiedene Mitarbeiter mit der Ausarbeitung betraut werden, sind dann der Stil und die Inhaltsqualität der Testfälle gleich. Außerdem kann dieses Konzept mit nur geringen Anpassungsmaßnahmen für andere Softwareprojekte wieder verwendet werden.

Die Erstellung eines Testkonzeptes ist aufgrund ihres Schwierigkeits- und Abstraktionsgrades eine echte Ingenieuraufgabe. Während für funktionale Anforderungen noch relativ einfach Testkriterien entwickelt werden können, stellen z. B. grafische Anforderungen an ein Programmsystem oder Migrationsanforderungen erhebliche Herausforderungen an den Entwickler des Testkonzeptes.

3.6.4 Projektbegleitende Dateien, Datenbanken oder Applikationen

Zur Projektverwaltung und –organisation müssen Übersichten in Form von Dateien, Datenbanken und/oder speziellen Applikationen geführt werden. Notwendig sind:

- Übersicht über die zu erledigenden Anforderungen, die im Folgenden als Anforderungsdatenbank (ADB) bezeichnet werden soll.
- Übersicht über die im Projekt entstandenen Dokumente, die im Folgenden als Dokumentendatenbank (DDB) bezeichnet werden soll.
- Projektpläne
- Übersicht über die Testanforderungen und das Testergebnis, die im Folgenden als Testdatenbank (TDB) bezeichnet werden soll
- Übersicht über reklamierte Systemmängel und deren Abwicklung, die im Folgenden als Mängeldatenbank (MDB) bezeichnet werden soll.

Für große Projekte ist es ratsam, die als Datenbank bezeichneten Konstrukte tatsächlich auch als Datenbank einzurichten bzw. entsprechende Spezialapplikationen einzuführen oder zu nutzen (z. B. Dokumentenmanagementsystem). Das gilt besonders für größere Unternehmen, die häufiger Softwareprojekte durchführen.

Auch mit Hilfe eines Tabellenkalkulationsprogramms lässt sich eine gute Unterstützung erreichen. Da diese Möglichkeit allen Unternehmen zur Verfügung steht, sind im Folgenden alle Beispiele auf der Basis von Tabellenkalkulationsprogrammen aufgebaut. Für die entsprechenden Konstrukte wurde dann trotzdem der Begriff „Datenbank" beibehalten.

3.6.4.1 Anforderungsdatenbank (ADB)

Kernpunkt des Projektvertrags zwischen Auftraggeber und Auftragnehmer ist die Erfüllung der gestellten Anforderungen. Für den Auftraggeber ist eine Übersicht zwingend notwendig, aus der er die Gesamtheit aller Leistungen des Auftragnehmers erkennen kann. In der Regel wird das Vertragswerk aus mehreren vertragswirksamen Unterlagen bestehen. Wird die Spezifikation nach dem hier dargelegten Vorschlag erstellt, sind zwar die einzelnen Anforderungen der Reihe nach aufgeführt und durchnummeriert, aber auch andere Dokumente bringen weitere zu leistende Punkte mit ein (Protokolle der Fachgespräche; Allgemeine Geschäftsbedingungen u.ä.). Ab einer gewissen Größenordnung des Projektes werden sich die Anforderungen aus mehreren Dokumenten herleiten. Die Herstellung einer Übersicht der Leistungen, die der Auftragnehmer erbringen muss, wird unausweichlich.

Fast immer werden Softwareprojekte in einzelnen Phasen realisiert. Damit hat der Auftraggeber zu klären, welche Anforderungen zu einer bestimmten Projektphase zur Abnahme anstehen.

Zusätzlich komplex wird das Thema noch durch sogenannte „Change Requests". Durch die intensive Analyse der Anforderung, die Kenntnis des zur Realisierung zur Verfügung stehenden Systems und zwischenzeitlichen Änderungen der Rahmenbedingungen kommt es zu Modifikationen der ursprünglichen Anforderungen. Drei Auswirkungen sind denkbar:

- Eine neue Anforderung kommt hinzu.
- Eine bestehende Anforderung wird aufgehoben oder
- Eine bestehende Anforderung wird modifiziert.

Zur ordnungsgemäßen Überwachung des Projektes müssen diese Änderungen dokumentiert werden, was letztlich zu einer Vergrößerung der Anzahl der Dokumente führt, die die Leistung des Auftragnehmers festlegen.

Falls bei einer Teilabnahme Mängel aufgetreten sind, müssen diese bei der nächsten Teilabnahme auch kontrolliert werden, die eigentlich in der letzten Phase hätten erledigt sein müssen. Spätestens jetzt wird es schwierig zu ermitteln, welche Anforderungen für eine Teilabnahme zur Kontrolle anstehen.

Als ganz wichtiges Controllinginstrument wird deshalb eine Anforderungsdatenbank (ADB) empfohlen. Damit ist eine Übersicht über die zum jeweiligen Zeitpunkt gültigen Anforderungen gemeint. Diese Übersicht braucht nicht durch eine Datenbank abgebildet werden, wie der Name fälschlicherweise suggerieren könnte. Gute Dienste liefert dafür ein Tabellenkalkulationsprogramm. In Tab. 3.11 ist ein Beispiel für eine ADB aufgeführt.

Die ADB ist folgendermaßen aufgebaut (Tab. 3.12):

3.6.4.2 Dokumentendatenbank (DDB)

Während eines Softwareprojektes entsteht eine Vielzahl von Dokumenten, wie

- Vertragsunterlagen,
- Protokolle,
- Spezifikationen,
- Berichte,
- Anträge.

Tab. 3.11   Beispiel einer ADB

LfdNr	Kurzbezeichnung der Anforderung	Herkunft der Anforderung	Dateiname der Unterlage	Position in der Unterlage		Phase des Projektes	Gültigkeit der Anforderung	Changes		Dateiname des Testberichts	LfdNr Mängel in MDB	Termin Mängel-erledigung	Erledigungsstatus der Anforderung
				Position, Seite und Zeile, Zelle	Positions Nr, Seitenzahl und Zeilennummer, Zellennummer			Verweis auf Change	Bearbeitungs-status Change				
1													
2													
3													

Tab. 3.12   Inhalte der ADB

Spaltenüberschrift	Bedeutung
LfdNr	Alle Anforderungen werden durchnummeriert, damit auf einfache Weise ein eindeutiger Bezug hergestellt werden kann. Die Positionen der Spezifikation werden hierin übernommen und alle weiteren Anforderungen werden angehängt
Kurzbezeichnung der Anforderung	Um schnell den Inhalt einer Anforderung zu erfassen, wird sie mit einer prägnanten Kurzbezeichnung versehen
Herkunft der Anforderung	In diese Spalte werden Kürzel eingetragen, die die Herkunft der Anforderung symbolisieren. Dies ist entweder der Vertrag (V) oder ein Change Request (C)
Dateiname der Unterlage	Hier wird der Name der Datei eingetragen, in der die Anforderung begründet wurde
Position, Seite und Zeile, Zelle	Die genaue Fundstelle der Anforderung wird durch diese und die nächste Spalte dokumentiert. Je nach Art des Dokuments (Spezifikation, Tabelle, Freies Dokument oder Anlage wird hier die Lage der Fundstelle beschrieben, (P = Position; SZ = Seite und Zeile; Z = Zelle; K = Kapitel Nr.; A = Anlagen Nr.)
Positions Nr, Seitenzahl und Zeilennummer, Zellennummer	Je nach Art des Dokuments wird die genaue Position der Anforderung beschrieben
Phase des Projektes	Hier wird die Nummer der Phase eingetragen. Durch entsprechende Filterung können so direkt alle Anforderungen angezeigt werden, die in einer Phase zu erledigen sind
Gültigkeit der Anforderung	Eine Anforderung kann verschiedene Status annehmen. Aus Übersichtsgründen wird der Status direkt über eine bedingte Formatierung mit einer Farbe hinterlegt (G (grün) → Gültig, E (keine Farbe) → Entfallen; U (gelb) → (noch) Ungültig, A (rot) → Change abgelehnt). Die unterschiedlichen Status ergeben sich aus der Berücksichtigung von Change Requests

Tab. 3.12 (Fortsetzung)

Spaltenüberschrift	Bedeutung
Verweis auf Change	Wenn eine Anforderung durch einen Change Request betroffen ist, kann sie entweder ersatzlos wegfallen (w) oder modifiziert werden. Im letzten Fall wird eine neue modifizierte Anforderung unter der nächsten freien laufenden Nummer der ADB und in die Spalte „Verweis auf Change" als Verweis auf die nunmehr gültige Anforderung eingetragen
Bearbeitungsstatus Change	Dem Ablauf eines Changeverfahrens entsprechend (siehe Kap. 3.6.5.2) kann ein Change Request verschiedene Status annehmen (A (ohne Farbe) → Angebot einholen, V (gelb) → Vorliegen des Angebots, X (rot) → Ablehnung). Sobald ein Change Request formuliert ist, wird diese potenzielle neue Anforderung in die ADB eingetragen und der Status entsprechend fortgeführt, bis der Change entweder abgelehnt wird oder zu einer neuen Anforderung geworden ist
Dateiname des Testberichts	Für jede Anforderung werden bei der Abnahme Tests durchgeführt. Diese Tests werden in einem Bericht festgehalten und der Dateiname des Testberichts in diese Spalte eingetragen
LfdNr Mangel in MBD	Wurde ein Mangel festgestellt, wird dieser in der MDB unter einer laufenden Nummer eingetragen. Diese laufende Nummer wird in dieser Spalte inklusive des Fehlerstatus eingetragen
Termin Mängelerledigung	Falls es zu der Anforderung Mängel gibt, wird hier das Datum vermerkt, zu dem der Mangel abgestellt sein sollte
Erledigungsstatus der Anforderung	Hier wird vermerkt, ob eine Anforderung mangelfrei geleistet wurde (Anforderung erfüllt → OK). Falls nicht, wird hier die höchste aufgetretene Mängelkategorie zu dieser Anforderung eingetragen

Diese Dokumente entstehen meistens iterativ. Üblicherweise wird ein Entwurf eines Dokuments erstellt, dieser Entwurf wird den Beteiligten zugestellt, diese geben ihre Kommentare dazu und nach mehr oder weniger Iterationen entsteht das endgültige Dokument. Hierdurch vervielfacht sich die Menge zu verwaltender Dokumente. Deshalb müssen zu jeder Zeit folgende Fragen geklärt sein:

- Wer ist Autor des Dokuments und führt damit die Dokumenterstellung?
- Wer hat Zugriff auf die Dokumente und in welcher Art besteht die Zugriffsberechtigung?

- Welche Version ist die aktuell gültige?
- Wo kann man das aktuell gültige Dokument finden?
- Welche Dokumente stehen in einem inhaltlichen Zusammenhang zueinander?

Je größer ein Projekt ist, desto schwieriger wird die Beherrschung der Dokumentenflut. Da alle benannten Dokumente letztlich auch Rechtsansprüche des Auftraggebers regeln, muss er besonderen Wert darauf legen, dass die oben angeführten Fragen jederzeit genau beantwortet werden können. Das ist ohne entsprechende Verwaltung nicht möglich.

Neben festgelegten Dokumentationsabläufen (siehe Kap. 3.6.5.11) muss eine Dokumentationsverwaltung installiert werden. Ideal hierfür ist die Nutzung eines Dokumentenmanagementsystems. Da diese Systeme aber noch nicht weitgehend verbreitet sind, bleibt nichts anderes übrig, als neben definierten Abläufen eine Dokumentenverwaltung einzurichten.

Kernpunkt dieser Verwaltung ist eine Datenbank oder zumindest eine Datei in Kombination mit festgelegten Ablageorten für die Dokumente. Stehen nur einfache Werkzeuge zur Verwaltung zur Verfügung, ist es zweckmäßig, einem Mitarbeiter die Verantwortung für die Dokumentenverwaltung zu übertragen.

Mindestens sollte gewährleistet sein:

- definierte Ablageorte für die Dokumente (Projektverzeichnis);
- die Pflege des Projektverzeichnisses ausschließlich durch den Dokumentenmanager und seinen Vertreter;
- Ausschließlich Lesezugriffsmöglichkeiten für die am Projekt beteiligten Mitarbeiter;
- Registrierung der verwalteten Dokumente und
- eine Übersicht über die registrierten Dokumente und deren Zusammenhang untereinander.

Praktisch wird dies realisiert durch einen Dokumentenmanager, bei dem alle Dokumente eingehen. Er registriert die eingegangenen Dokumente und stellt sie an definierte Stellen des Projektverzeichnisses ein. Registriert werden sollte mindestens:

- die Bezeichnung der Datei;
- Ihre Versionsnummer;
- der Verweis auf mitgeltende Dokumente (Bezeichnung und Versionsnummer).

Da die Dokumente im Projekt die Rechtsposition des Auftraggebers sichern, kommt deren ordnungsgemäßer Verwaltung eine erhebliche Bedeutung zu. Im Konfliktfall muss der Auftraggeber seine Ansprüche belegen können. Ohne definierte Dokumentenverwaltung wird dies schwierig.

In Tab. 3.13 ist beispielhaft dargestellt, wie eine einfache Form der Dokumentenverwaltung organisiert werden kann. Das abzulegende Dokument wird mit seiner Bezeichnung und Version in die beiden ersten Spalten und in die Spalte „Ablageverzeichnis" wird der Dateipfad eingetragen.

Tab. 3.13 Einfache Dokumentenverwaltung

Eingestelltes Dokument				Referenziertes Dokument		
Bezeichnung Dokument	Version	Ablage-verzeichnis		Bezeichnung Dokument	Version	Ablage-verzeichnis

Bei größeren Projekten kann man nicht immer alle Festlegungen in einem einzigen Dokument unterbringen. Man ist zur Aufteilung in mehrere Dokumente gezwungen, die zueinander in Beziehung stehen. Ein typisches Beispiel ist eine Spezifikation und das Datenmodell. Diese Modularisierung birgt die Gefahr, dass die in Verbindung stehenden Dokumente einen unterschiedlichen Aktualitätsstand bekommen und dementsprechend nicht zueinander passen.

Die praktische Konsequenz ist: der Auftraggeber hat keine eindeutige Anspruchsgrundlage gegenüber dem Auftragnehmer. Um diesen Missstand zu vermeiden, wird die gegenseitige Referenzierung der Dokumente mit in die DDB aufgenommen. So ist zumindest sichtbar, welche Zusammenhänge es zwischen den Dokumenten gibt.

Die Wahrung der Konsistenz zusammenhängender Dokumente ist auch mit der oben vorgeschlagenen Beispiellösung organisatorisch aufwändig. Für jedes eingehende Dokument muss der Dokumentenmanager klären,

- ob in Beziehung stehende Dokumente von der Aktualisierung betroffen sind.
- ob diese Dokumente ebenfalls angepasst und eingereicht wurden oder ob die referenzierten Dokumente von der Änderung nicht betroffen sind.

Hierzu muss er Rücksprache mit dem Autor des Hauptdokumentes nehmen und die notwendigen Klärungen herbeiführen. Falls die Möglichkeit besteht, sollte man unbedingt ein Dokumentenmanagementsystem nutzen, das dann Verwaltung, Updates und Konsistenz umfassend unterstützt.

3.6.4.3 Projektpläne

Projektpläne konkretisieren den vertragsmäßig festgelegten Projektablauf und sind damit wesentlicher Vertragsbestandteil. Weiterhin sind sie unverzichtbar für die Projektplanung, -koordination und –controlling. Das Projekt wird zweckmäßig in Phasen unterteilt, in denen bestimmte Teile des Projektes bearbeitet werden.

Da ein Projekt normalerweise nicht in allen Ablaufdetails plan- und übersehbar ist, wird der Projektplan vom Groben ins Feine entwickelt. Am Anfang stehen nur die Projektphasen und deren Fertigstellungstermine fest. Ausreichend frühzeitig vor Beginn einer jeden Projektphase muss diese im Detail durchgeplant und festgelegt werden. Dies geschieht durch ständige Überarbeitung des Projektplans.

Mit Sicherheit werden unvorhersehbare Ereignisse den geplanten Projektablauf und die für das Projekt notwendigen Aktionen beeinflussen, so dass es Umplanungen geben muss.

Tab. 3.14 Beispiel Testfälle

LfdNr. ADB	Kurzbe-zeichnung der Anforderung	Nr. Testfall	Beschreibung Testfall	Kriterien für den Erfolg	Ergebnis Test	Fehlernummer MDB
15		15-1				
15		15-2				
204		204-1				
204		204-2				
204		204-3				

Da es Abhängigkeiten zwischen den Aktionen und Zwangspunkte für die Realisierung gibt, sind Projektpläne beliebig komplex. Deshalb ist es sehr nützlich und zeitsparend, auf Projektmanagementsoftware zurückgreifen zu können. Für größere Projekte ist der Einsatz dieser Software unverzichtbar, weil die Auswirkung von Änderungen nur sehr schwer ohne Hilfen zu verfolgen ist und das Risiko von Planungs- oder Interpretationsfehlern groß ist.

3.6.4.4 Testdatenbank

Geht man nach den Vorschlägen des Kap. 2.9 vor, ergeben sich viele Testfälle, die am besten mit einer Datenbank verwaltet werden. Hierin werden jeder Anforderung die zugehörigen Testfälle zugeordnet. Alternativ lässt sich die Zuordnung aber auch mit einem Tabellenkalkulationsprogramm regeln (Tab. 3.14).

Mit diesem Hilfsmittel sähe die Vorgehensweise wie folgt aus:

In der ADB wird nach der Phase gefiltert, die für einen Test ansteht. Aus dieser Auswertung kopiert man die gefundenen Anforderungen mit ihrer laufenden Nummer und Kurzbezeichnung in ein Tabellenblatt.

Jetzt werden für jede Anforderung ein oder mehrere Testfälle entwickelt und der Testfall beschrieben. Die Testfälle werden in Zuordnung zur Anforderung aufsteigend nummeriert. Weiterhin sollte für jeden Testfall festgelegt werden, wann ein Test als erfolgreich eingestuft wird. Hierzu sind die Erfolgskriterien für den Testfall zu beschreiben.

Das Ergebnis des Tests wird mit „OK" deklariert, wenn der Test erfolgreich war. Ansonsten wird zum Testfall die Fehlerklasse der festgestellten Mängel vermerkt. Zur Vermeidung von Redundanz wird die genaue Beschreibung eines Mangels nur in der Mängeldatenbank (MDB) eingetragen (Kap. 3.6.4.5). In der Testdatenbank wird bei einem Mangel beim jeweiligen Testfall nur die Referenznummer eingetragen, unter der der Mangel in der MDB registriert ist.

3.6.4.5 Mängeldatenbank

Zur Wahrung der Rechte des Auftraggebers müssen festgestellte Mängel dem Auftragnehmer unbedingt schriftlich angezeigt werden. Außerdem muss eine Verwaltung geschaffen werden, die die Meldung des Mangels bis zu seiner endgültigen Beseitigung nachvollziehbar dokumentiert.

Wiederum ist dafür eine Datenbanklösung das ideale Werkzeug. Man kann sich deren Installation auf der Auftraggeber- wie Auftragnehmerseite vorstellen. Viele Auftragnehmer halten solche Lösungen bereit. Der Auftraggeber sollte bei der Nutzung einer solchen Variante beachten:

- Die Datenbank muss die Belange des Auftraggebers berücksichtigen. Deshalb müssen ihm Anwendungen für die Eingabe und Auswertung bereitstehen.
- Der Auftraggeber muss in regelmäßigen Abständen Sicherungen dieser Datenbank in einer Form bekommen, die für ihn les- und auswertbar sind.

Stehen entsprechende Datenbanklösungen nicht zur Verfügung, hilft wiederum eine Tabellenlösung weiter. Ein Beispiel hierfür findet sich in Tab. 3.15.

Die Tabelle wird von Auftraggeber und – nehmer gemeinschaftlich genutzt. Folgende Mindestangaben sollten registriert werden (Tab. 3.16):

3.6.5 Verfahrensabläufe

Will ein Auftragnehmer die Kontrolle über das Projekt behalten, müssen Verfahrensabläufe für die Realisierung des Projektes festgelegt werden. Dies mag zunächst als unangemessen hoher Aufwand erscheinen, aber diese Regelungen tragen erheblich zur Stabilisierung des Projektes bei. Im übrigen sind sie allgemeingültig, so dass sie für jedes weitere Softwareprojekt ebenfalls genutzt werden können.

Für ein Softwareprojekt sollten folgende Verfahrensabläufe definiert werden:

- Anforderungsmanagement
- Changemanagement
- Implementieren von neuen Softwareständen und Patches
- Datenmigration
- Test- und Abnahme
- Management von Mängeln
- Konfliktmanagement
- Projektplanung
- Projektcontrolling
- Dokumentenmanagement
- Berichtswesen

Zur besseren Verständlichkeit werden im Folgenden die Verfahrensabläufe allgemein auf der Basis der hier beschriebenen Methodik vorgestellt. Der Leser kann nun für seine eigenen Zwecke diese Vorlagen nutzen und seinem speziellen Bedarf entsprechend ausarbeiten.

Tab. 3.15 Beispiel einer Mängelregistrierung

	Eintragung AG						Eintragung AN					
LfdNr	Kurzbeschreibung Mangel	Mangelklasse	Mangelbeschreibung	Link auf sonstige Dokumente	gemeldet von	Einstelldatum	Bearbeitungsdatum	Datum der Zurückweisung	Wartestellung bis....	Grund der Wartestellung	Erledigungsdatum	Bezeichnung Softwarekorrekturstand
1												
2												
3												

Tab. 3.16 Angaben in einer MDB

Spalte	Bedeutung
LfdNr	Laufende Nummer des Mangels
Kurzbeschreibung Mangel	Schlagwortartige Darstellung des Mangels
Mängelklasse	Kategorie, in welche Fehlerklasse der Mangel eingestuft wird (siehe Kap. 3.6.7)
Mangelbeschreibung	Eine genaue Beschreibung des Mangels, die es dem Auftragnehmer ermöglicht, den Mangel nachzuvollziehen
Link auf sonstige Dokumente	Link auf Dokumente, die den Mangel genauer beschreiben (z. B. Screenshots)
gemeldet von	Person, die den Mangel eingebracht hat. Bei Rückfragen kann sich der Auftragnehmer direkt an diese Person wenden
Einstelldatum	Datum der Einstellung des Mangels in die MDB
Bearbeitungsdatum	Datum, wann der Auftragnehmer mit der Bearbeitung des Mangels begonnen hat
Datum der Zurückweisung	Falls der Auftragnehmer die Mängelmeldung nicht als Mangel seines Systems akzeptiert, weist er die Meldung mit der Eintragung des Datums der Zurückweisung an den Auftraggeber zurück
Wartestellung bis…	Datum, bis wann die Bearbeitung des Mangels zurückgestellt wird
Grund der Wartestellung	Begründung, warum eine Wartestellung erfolgt
Erledigungsdatum	Datum, wann der Mangel beseitigt wurde
Bezeichnung des Korrekturstandes	Bezeichnung des Softwarelevels oder Patches, das die Korrektur des Mangels enthält

3.6.5.1 Anforderungsmanagement

In Abb. 3.7 ist der grobe Ablauf des Anforderungsmanagements dargestellt. Anforderungen an die Leistung des Auftragnehmers ergeben sich aus zwei Quellen:

- Vertragsunterlagen und
- Change Requests.

Die Anforderungen, die sich aus den Vertragsunterlagen ergeben, werden, wie in Kap. 3.6.4.1 beschrieben, in die ADB eingetragen. Change Requests werden ebenso wie Anforderungen behandelt. Eventuell durch Change Requests entfallende Anforderungen werden als ungültig gekennzeichnet, aber nicht gelöscht.

Gemäß den Festlegungen des Projektplans wird den Anforderungen eine Projektphase zugewiesen, in der sie realisiert werden sollen. Damit ist die ADB jetzt für die weiteren

Abb. 3.7 Allgemeiner Ablauf
Anforderungsmanagement

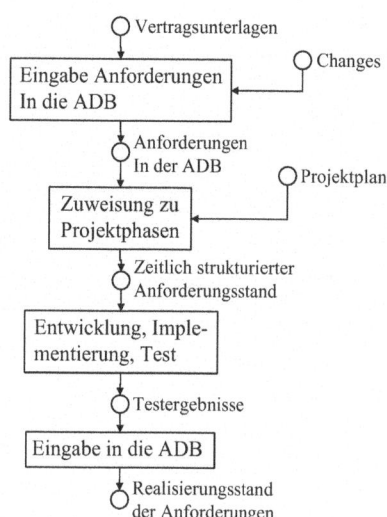

Arbeiten auswertbar. Wenn gewünscht, kann in die ADB der differenzierte Entwicklungs-
stand einer Anforderung aufgenommen werden.

Entscheidend ist letztlich aber das Ergebnis der durchgeführten Abnahmetests. Diese
wurden durch die Bestätigung der korrekten Realisierung oder dem Eintrag von Mängeln
dokumentiert. Gezielte Auswertungen können jederzeit einen schnellen Überblick über
den Realisierungsstand der Anforderungen bringen, was für das Projektmanagement und
die Abnahme eine ganz wichtige Hilfe bedeutet.

3.6.5.2 Changemanagement

In Abb. 3.8 ist der Grobauflauf des Changemanagements aus Sicht des Auftraggebers dargestellt.

Die Idee zu einer Änderung muss einem Entscheidungsgremium zugeführt werden.
Hierzu ist die Idee zu beschreiben und die erkennbaren Auswirkungen für die Realisierung
und deren Nutzen darzustellen.

Das im Rahmen der Projektorganisation dafür bestimmte Gremium entscheidet, ob
die Änderungsidee weiter verfolgt werden soll oder nicht. Falls positiv entschieden wurde,
wird der Auftragnehmer um ein entsprechendes Angebot gebeten. Gleichzeitig erfolgt die
Registrierung dieser neuen Anforderung in der ADB unter Vorbehalt.

Der Auftragnehmer erstellt ein Angebot, das dem zuständigen Gremium des Auftraggebers zur Entscheidung vorgelegt wird. Wird es nicht akzeptiert, wird die Anforderung
in der ADB als ungültig gekennzeichnet, ansonsten bekommt sie den Gültigkeitsstatus.

Die neue Anforderung muss im Projektplan entsprechend berücksichtigt werden. Die
ihr zugewiesene Realisierungsphase wird in die ADB übernommen. Sollten bestehende
Anforderungen durch den Change betroffen sein, werden diese als ungültig gekennzeichnet und in modifizierter Form neu in die ADB eingetragen.

Abb. 3.8 Allgemeiner Ablauf
Changemanagement

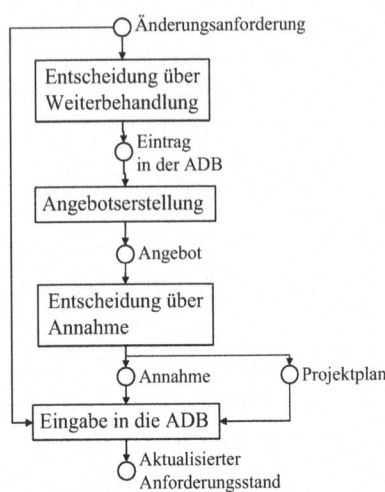

Damit wird der zu realisierende und der erreichte Stand jederzeit erkennbar. Die journalartige Entwicklung der Anforderungen gibt auch ein genaues Bild über die Änderungen, die im Laufe des Projektes am ursprünglichen Anforderungsstand stattgefunden haben.

3.6.5.3 Implementieren von neuen Softwareständen und Patches

Die Implementierung neuer Softwarestände kann sehr komplex sein. Die Komplexität wird gesteigert durch:

- Aufteilung in Test- und Produktivsystem,
- Evtl. Notwendigkeit von Datenänderungen oder –migrationen,
- Ständige Verfügbarkeitsanforderung des Produktivsystems.

Aufgrund der vielen Möglichkeiten kann kein generell tauglicher Verfahrensablauf benannt werden. Wohl aber können die Prinzipien beschrieben werden, die ein passender Verfahrensablauf haben muss. Diese sind:

- Mängelfreiheit des neuen Softwarestandes;
- Klar definierte Zuständigkeitsabgrenzungen zwischen Auftraggeber und Auftragnehmer;
- Sicherheit der Umstellungsprozedur;
- Rettungsszenario bei missglückter Umstellung.

Immer sollte man Auftragnehmer vertraglich verpflichten, Qualitätskontrollen von neuen Softwareständen nachweislich durchzuführen, bevor diese ausgeliefert werden. Die praktischen Erfahrungen zeigen zwar, dass so gut wie nie ausreichende Qualitätskontrollen durch die Auftragnehmer durchgeführt werden. Trotzdem hilft diese Verpflichtung dem

Auftraggeber. Sie bringt ihn in eine entsprechend hohe Rechtsposition gegenüber dem Auftragnehmer.

Um so gut wie möglich die Mängelfreiheit des neuen Softwarestandes abzusichern, werden folgende Anforderungen an den Auftragnehmer empfohlen:

- Nachweis der Qualitätskontrolle der gelieferten Software
  Der Auftragnehmer muss nachweisen, wie und mit welchem Ergebnis er die Software getestet hat. Der Auftraggeber sollte sich vorbehalten, die Abnahme schon mit dem Antrag versagen zu können, wenn keine aussagekräftigen Nachweise oder die Nachweise einen nicht ausreichenden Test bzw. eine nicht ausreichende Mängelfreiheit ergeben haben.
- Implementierung der neuen Software auf einem Testsystem des Auftraggebers
  Die neue Software sollte, wenn möglich, zunächst auf einem Testsystem des Auftraggebers implementiert und vom Auftragnehmer getestet werden. Wiederum ist der Test mit seinen Ergebnissen dem Auftraggeber nachzuweisen.
- Implementierung der neuen Software mit denselben Installationsprozeduren wie beim Testsystem
  Erst wenn die Tests auf dem Testsystem Mängelfreiheit ergeben haben und die Freigabe durch Tests des Auftraggebers bestätigt wird, sollte die Implementierung auf dem Produktionssystem stattfinden. Diese Implementierung muss in genau derselben Art stattfinden wie auf dem Testsystem! Mit der Implementierung ist der Ablauf der Implementierungsroutine gemeint, die auch das mängelfreie Testsystem installiert hat.
  Gerade diese Anforderung wird oft umgangen. Letzte Fehler, die festgestellt wurden, werden oft nicht durch neue Implementierung der Software mit einer verbesserten Installationsroutine durchgeführt, sondern durch nachgeschobene Patches oder sonstige manuelle Korrekturen. Im Stress einer Systemumstellung bergen gerade diese manuellen Ergänzungen eine hohe Fehlerquote. Der Auftraggeber sollte auf der Implementierung mit einer sich als korrekt erwiesener Installationsroutine bestehen.

Beim Umstieg auf einen neuen Softwarelevel gibt es zwangsläufig eine Zusammenarbeit zwischen Auftraggeber und Auftragnehmer. Hierbei muss zu jeder Zeit klar sein, wer welche Verantwortung hat bzw. wann genau durch welche Aktion Verantwortung übergeht.

Verantwortungsübergabe muss dementsprechend eindeutig dokumentiert werden. Hierzu werden Freigabeerklärungen empfohlen. Der Auftragnehmer gibt einen Softwarestand dem Auftraggeber formal frei. Das bedeutet, dass der Auftragnehmer die vereinbarten Qualitätskontrollen durchgeführt hat und nun die Software für implementierungswürdig hält.

Der Auftraggeber erklärt die Freigabe der für die Software bereitgestellten Hardware nebst der Installation der Basissoftwareprodukte. Dies bedeutet, dass der Auftraggeber seine Arbeiten abgeschlossen, diese qualitätsgeprüft hat und nun dem Auftragnehmer für die Installation der neuen Software bereitstellt.

Der Auftragnehmer installiert die Software, testet sie und erklärt dem Auftraggeber, dass diese nun für dessen Tests freigegeben ist. Laufen die Tests zur Zufriedenheit des Auftraggebers, erklärt dieser die Freigabe zur Installation der neuen Software auf dem Produktivsystem.

Der Auftragnehmer installiert die neue Software, führt Tests durch und erklärt seine Freigabe des Produktivsystems. Der Auftraggeber führt stichprobenartige Tests durch und erklärt bei erfolgreichem Test die Freigabe des Produktivsystems für die Produktion.

Die Vielzahl von Freigaben mag zunächst als übertrieben formal erscheinen, aber diese Vorgehensweise sichert die lückenlose Verantwortlichkeit im Ablauf der Softwareinstallation. Ebenfalls erfolgt dadurch eine genaue Definition, wann und auf welchem Stand Abnahmetests stattfinden. Der Auftragnehmer kann bei gefundenen Mängeln nicht mehr argumentieren, dass er noch dabei war, die Installation fertig zu stellen. Auf diese Weise wird Rechtssicherheit geschaffen.

Es wird dringlich empfohlen, Softwareinstallationen durch automatisch ablaufende Prozeduren zu installieren und die Prozeduren entsprechend zu korrigieren, wenn Mängel aufgetreten sind. Hat man dann einen Stand erreicht, der zu einer mängelfreien Softwareinstallation führt, braucht man nur noch die Korrektheit der Abarbeitung der Prozedur zu kontrollieren.

Diese Vorgehensweise ist besonders wichtig bei der Installation eines neuen Produktivsystems, das ein bestehendes ablösen soll. Da die Produktion nicht oder nur in sehr geringem zeitlichen Umfang gestoppt werden kann, bleibt für weitreichende Kontrollen keine Zeit. Man ist dann darauf angewiesen, dass der Produktivstand genau dem erfolgreich getesteten Stand entspricht. Dies lässt sich am besten durch automatisch ablaufende Steuerungen erreichen.

Wie schon bei der Projektplanung erwähnt wurde, sollte man für besonders kritische Phasen des Projektes einen Alternativ- bzw. Rettungsplan entwickeln. Für Softwareinstallationen bedeutet dies: im Fall einer erfolglosen Implementierung muss man zumindest wieder auf den vorher im Betrieb befindlichen Stand zurückkommen. Bei neuen Applikationen ist dies unkritisch, weil es vorher ja keine Softwareunterstützung gab. Bei Ablöse- oder Ergänzungsprojekten stellt dies eine hohe Herausforderung dar.

Zur Vervollständigung wird der grobe Verfahrensablauf der Softwareinstallation dargestellt (Abb. 3.9)

3.6.5.4   Datenmigration

Der Verfahrensablauf der Datenmigration hat große formale Analogien zur Implementierung von Softwareständen (Kap. 3.6.5.3). Die Prinzipien und die Rahmenbedingungen, wonach sich der Ablauf gestaltet, sind gleich. Je nach Anwendungsfall werden Softwareinstallation und Datenmigration zeitlich zusammenhängend durchgeführt. Dies verkompliziert den Ablauf. Die Grundstruktur bleibt aber immer gleich. In Abb. 3.10 ist der reine Migrationsablauf dargestellt.

Abb. 3.9 Grobablauf
Implementieren von
Softwareständen

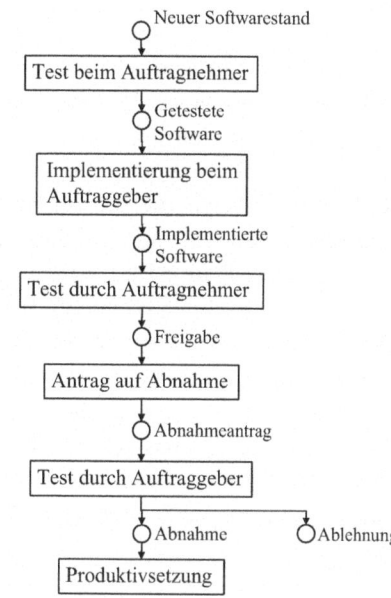

Abb. 3.10 Prinzipieller Verfahrensablauf Datenmigration

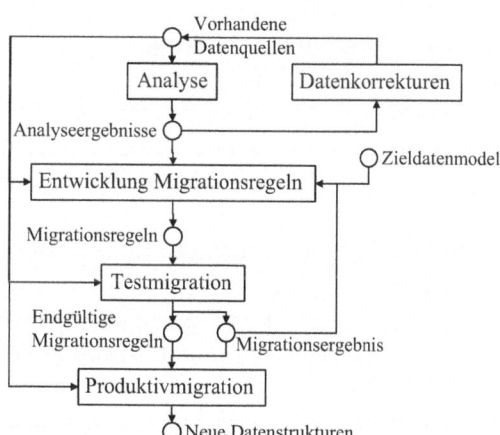

Die zur Migration bereitstehenden Datenquellen müssen analysiert werden. Oftmals findet man keine Dokumentationen über die Datenstrukturen bzw. Datenmodelle, so dass diese aus der Analyse heraus entwickelt werden müssen.

Weitere Analysepunkte sind unvollständige oder fehlerhafte Daten. Diese sollten, wenn möglich, vor der Migration noch korrigiert bzw. vervollständigt werden.

Zur späteren Kontrolle der Migration empfiehlt es sich, Statistiken aufzustellen, die zur Vollständigkeits- und Qualitätskontrolle genutzt werden können.

Mit den Analyseergebnissen und dem bekannten Zieldatenmodell können nun die Migrationsregeln entwickelt werden. Diese Regeln werden einer Migrationssoftware implementiert und mit diesem Werkzeug wird eine erste Testmigration durchgeführt.

Je nach Migrationsergebnis werden Korrekturen der Migrationsregeln erforderlich sein. Die Entwicklung der Migrationsregeln und die Tests werden iterativ durchgeführt. Nach einer Reihe von Iterationen sind stabil arbeitende Migrationsregeln gefunden. Mit genau dieser Konstellation wird dann die endgültige Produktivmigration durchgeführt.

Die Datenmigration und deren Qualitätskontrolle gehören zu den anspruchsvollsten Kapiteln des Projektmanagements, besonders wenn die Datenmodelle in Quelle und Ziel große Unterschiede aufweisen.

Hier sollte man bedenken, dass die Daten ein Vielfaches des Wertes eines Softwareprojektes haben. Entsprechende Sorgfalt ist bei der Entwicklung der Migration und der Kontrolle der Ergebnisse geboten. Leider lassen sich keine allgemeingültigen Regeln für die Qualitätskontrolle benennen, weil Datenmodelle von Systemen individuell aufgebaut sind und dementsprechend individuelle Konzepte zur Qualitätsprüfung entwickelt werden müssen.

Angesichts des Wertes der Daten und der Komplexität des Themas lohnt es sich, professionelle Hilfe einzuschalten.

3.6.5.5   Daten(erst)erfassung

In den Fällen, wo keine digitalen Daten für die Befüllung des Systems vorhanden sind oder nur in unzureichenden Mengen oder Qualitäten vorliegen, muss deren Erfassung vorgesehen werden. Theoretisch kann dies im laufenden Betrieb sukzessiv erfolgen. Praktisch bringt diese Vorgehensweise aber wenig Nutzen, weil

- über eine erhebliche Zeit eine Parallelführung analoger mit digitalen Daten stattfinden muss.
- es sehr lange dauert, bis ein vollständiger Datenbestand vorliegt. Damit kommt der Nutzen, Datenbestände umfassend auswerten zu können, erst sehr spät zum Tragen.

So bleibt nur der Weg, die für die Arbeit mit dem System notwendigen Daten zu erfassen. Dies ist in der Regel mit eigenen Kräften nicht möglich. Um in absehbarer Zeit einen vollständigen Datenbestand im System zu haben, muss ein Datenerfassungsprojekt gestartet werden.

Normalerweise liegen die zu erfassenden analogen Daten nicht in einer Form vor, die ideal für die Erfassung ist. Ein Datenerfassungsprojekt bedingt so auch immer die intensive Mitarbeit des Auftraggebers. Er muss Unterlagen zur Erfassung aufbereiten, aufkommende Fragen klären und das Erfassungsergebnis kontrollieren.

Trotz massiver Unterstützungsmöglichkeit durch Erfassungsfirmen erstreckt sich die Datenersterfassung immer noch über einen längeren Zeitraum, da die Mitwirkungskapazitäten des Auftraggebers beschränkt sind. Es ist empfehlenswert, die Datenerfassung als

eigenes Projekt mit der Softwarerealisierung zu koordinieren, nicht aber in das Softwareprojekt zu integrieren. Dies würde das Projekt unnötig in die Länge ziehen.

Die ersten Vorbereitungen können durchaus zusammen mit dem Softwareprojekt
durchgeführt werden. Die genauen Anforderungen an die Datenerfassung können aber
erst definiert werden, wenn die Software bekannt ist, die eingesetzt werden soll (nach der
Vergabe). Das allein ist schon ein ernst zu nehmendes Argument, Softwarebeschaffung
und Datenerfassung projektmäßig zu trennen. Das Datenerfassungsprojekt verläuft formal
analog zum Softwareprojekt.

Für das Softwareprojekt resultiert hieraus die Schwierigkeit, einen genügend umfang-
reichen und repräsentativen Datenbestand für Testzwecke zu bekommen. Häufig können
Auftragnehmer entsprechende Testdatenbestände zur Verfügung stellen. Je individueller
die Anwendung allerdings aufgebaut ist, desto mehr müssen auch Beispieldaten zusätzlich
ins System gebracht werden, um die speziellen Funktionalitäten und Arbeitsabläufe zu
testen.

3.6.5.6 Test und Abnahme
3.6.5.6.1 Grundsätzliche Bemerkungen zur Abnahme

Im umgangssprachlichen Gebrauch versteht man hierunter die Kontrolle der übergebenen
Produkte oder Leistungen seitens des Auftragnehmers durch den Auftraggeber und die
förmliche Bestätigung bzw. die Aufführung von Mängeln im Bezug auf das zu liefernde
Ergebnis. Die Abnahme ist aber auch juristisch definiert und hat sehr weitreichende Konsequenzen. Wie immer im juristischen Bereich gilt es formale und inhaltliche Regelungen
zu beachten. Deshalb werden im Weiteren wichtige Zusammenhänge aufgeführt und Ratschläge für den Auftraggeber gegeben.

Bei einem Vertrag über DV-Produkte oder –Leistungen schuldet der Auftragnehmer
dem Auftraggeber die fristgerechte Lieferung in der Ausprägung, wie sie spezifiziert wurde. Der Auftraggeber schuldet dem Auftragnehmer bei erbrachter Leistung die Zahlung
des vereinbarten Preises. Um hier Eindeutigkeiten zu schaffen, macht es Sinn, eine förmliche Abnahme in den Vertrag aufzunehmen.

Damit eine Abnahme (revisionssicher) ausgesprochen werden kann, muss eine Überprüfung der Produkte/Leistungen des Auftragnehmers stattfinden. Diese Überprüfung
wird als Abnahmetest bezeichnet. Ein Abnahmetest wiederum setzt voraus, dass die bestellten Produkte/Dienstleistungen geliefert sind und seitens des Auftragnehmers zur Abnahme freigegeben werden.

Bereits jetzt wird deutlich, dass das Thema „Abnahme" zwei wesentliche Komponenten miteinander verbindet: eine juristische und eine fachliche. Die weiteren Ausführungen
sollen dazu dienen, die juristischen Grundsätze klar zu stellen, um daraus fachliche Notwendigkeiten herzuleiten.

Die wichtigsten juristischen Grundzüge

Die Abnahme ist aus juristischer Sicht bedeutsam, weil sich mit dem Aussprechen der Abnahme besondere Konsequenzen ergeben. Die gegenseitigen Schuldverhältnisse vor der

Abnahme wurden bereits oben erwähnt (Auftragnehmer schuldet Leistung, Auftraggeber schuldet die Bezahlung bei erbrachter Leistung). Wird die Abnahme ausgesprochen,
kommt es zu folgenden wichtigen Konsequenzen:

- Die Vergütung für die erbrachte Leistung wird fällig.
- Die Verjährungsfrist, die den Zeitraum für Gewährleistungsansprüche definiert, be-
  ginnt.
- Es findet eine Umkehr der Beweislast bezüglich Mängelfreiheit statt.
- Bestimmte Gewährleistungsansprüche werden ausgeschlossen.

Die beiden ersten aufgeführten Punkte sind selbsterklärend. Der dritte Punkt muss wegen seiner weitreichenden Bedeutung näher erläutert werden. Vor der Abnahme kann der
Auftraggeber dem Auftragnehmer Mängel anzeigen und der Auftragnehmer muss zeigen,
dass die benannten Mängel nicht existieren bzw. dass er die Mängel beseitigt hat. Nach der
Abnahme muss der Auftraggeber dem Auftragnehmer die Mängel nachweisen. Wenn die
Beseitigung von Mängeln gefordert wird, bedeutet dies in jedem Fall einen höheren Aufwand für den Auftraggeber,.

Auch der vierte aufgeführte Punkt hat hohe praktische Bedeutung. Wird die Abnahme
nicht mit der notwendigen Gewissenhaftigkeit durchgeführt, können später offensichtli-
che Fehler, die man bei sachgemäßer Durchführung hätte bemerken müssen, nicht mehr
(kostenneutral für den Auftraggeber) geltend gemacht werden.

Auf Grund der dargestellten Situation ergeben sich für den Auftragnehmer und Auftraggeber völlig unterschiedliche Interessenlagen. Der Auftragnehmer will so schnell wie
möglich eine Abnahme bekommen und der Auftraggeber zielt darauf ab, die Abnahme so
spät wie möglich auszusprechen. Diese Konfliktsituation hat zu weiteren Regelungen geführt, die beide Parteien einhalten müssen. Die wichtigsten Regeln sind:

- Der Auftragnehmer kann eine Abnahme verlangen. Der Auftraggeber ist dann zur Abnahme verpflichtet.
- Der Auftraggeber ist an einen Termin für die Abnahme gebunden und kann sich nicht
  beliebig lange Zeit für Abnahmetests lassen.
- Stellt der Auftraggeber erhebliche Mängel bei den Abnahmetests fest, kann er die Be-
  seitigung der Mängel in angemessener Zeit verlangen und die Abnahme verweigern.
- Handelt der Auftraggeber so, als sei die gelieferte Leistung ohne Beanstandungen und
  meldet eventuelle Mängel nicht, gilt die Abnahme stillschweigend als erteilt.
- Der Auftraggeber muss kleinere Mängel während einer Einführungszeit hinnehmen
  und darf deswegen nicht den Vertrag kündigen. Er darf allerdings bis zum Ende der
  Einführungsphase die Abnahme hinauszögern.
- Verschuldet der Auftraggeber den Verzug einer Abnahme, kann der Auftragnehmer
  sein Recht auf Ausgleich der dadurch entstehenden Mehraufwendungen geltend machen.

Fachliche Konsequenzen Für den Auftraggeber resultiert aus den vorgestellten Zusammenhängen eine Reihe von Maßnahmen, die er unbedingt beachten, bzw. einhalten sollte.

- Die Anforderungen an den Auftragnehmer müssen genau spezifiziert sein. Mängel können nur dargelegt werden, wenn der Maßstab, an dem Mängel gemessen werden, definiert ist.
- Festgestellte Mängel müssen dem Auftragnehmer schriftlich gemeldet werden. Ihm ist eine angemessene Frist zur Beseitigung dieser Mängel zu setzen.
- Für eine Abnahme sollten immer Abnahmetests vorgesehen werden. In der Praxis verstreicht oft wertvolle Zeit infolge einer Überlastung der Mitarbeiter des Auftraggebers, in der die eigentlich notwendigen Tests nicht durchgeführt werden können. Auf diese Weise fallen Fehler in den gelieferten Leistungen nicht auf und die Abnahme wird aufgrund der zeitlichen Befristung für die Abnahmetests ungerechtfertigter Weise erteilt.
- Der Auftraggeber hat das Recht, vom Vertrag zurückzutreten. Dieses Recht gilt, wenn die Abnahme nicht ausgesprochen wurde und wenn zusätzlich innerhalb der eingeräumten Nachbesserungsfrist die Mängel nicht beseitigt wurden. Der Auftraggeber kann sogar ohne Setzen einer Nachfrist für die Beseitigung schwerwiegender Mängel vom Vertrag zurücktreten, wenn der Auftragnehmer diese Beseitigung ernsthaft oder endgültig verweigert.
- Der Auftraggeber muss sich genau über die zur Verfügung stehende Zeit für die Abnahmetests im Klaren sein und diese Phase genau einplanen. Die nachteiligen Konsequenzen bei der Nichteinhaltung des Termins für die Abnahmeerklärung oder bei nicht gemeldeten Mängeln wurden bereits erwähnt. Falls es hier zu terminlichen Schwierigkeiten kommt, sollte man angesichts der negativen Konsequenzen darüber nachdenken, externe Hilfe für die Abnahmetests einzuholen.

3.6.5.6.2 Abnahmeverfahren

Das vorgeschlagene Abnahmeverfahren (Abb. 3.11) zielt auf eine hohe Sicherheit für den Auftraggeber ab, die Leistungen vom Auftragnehmer im geforderten Qualitätsstand zu bekommen. Leider ist in der Praxis immer häufiger zu erkennen, dass Auftragnehmer ihre Qualitätskontrolle auf die Auftraggeber verlagern. Das geflügelte Wort von der „Bananensoftware, die beim Anwender reift" ist Beleg hierfür.

Ein wichtiger Punkt dieser Strategie ist die Verpflichtung des Auftragnehmers zu Qualitätskontrollen seiner Lieferungen. Diese Verpflichtung sollte bereits in den Anforderungen der Ausschreibung enthalten sein und nach dem vorgestellten Modell in die Vertragsunterlagen mit eingehen.

Praktisch ist damit nicht gewährleistet, dass der Auftragnehmer auch wirklich ausreichende Qualitätskontrollen durchführt. Aber diese Vorgehensweise sichert dem Auftraggeber seine Rechtsposition.

Der Auftragnehmer wird nun seine als kontrolliert bezeichnete Lieferung beim Auftraggeber implementieren. Wiederum wird er vertraglich zur Qualitätskontrolle dieser In-

Abb. 3.11 Verfahrensablauf
Test und Abnahme

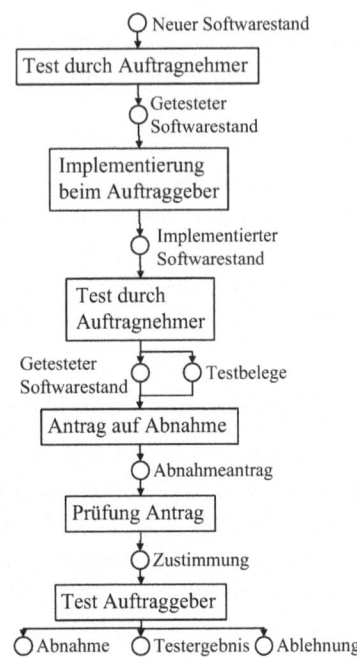

stallation verpflichtet. Den Abschluss seiner Kontroll- und evtl. Korrekturarbeiten zeigt er mit einem Antrag auf (Teil-)Abnahme an.

Der Auftragnehmer sollte vertraglich verpflichtet werden, diese Anträge mit Belegen seiner Qualitätskontrollen zu versehen. Der Auftraggeber räumt sich vertraglich das Recht zur Prüfung des Abnahmeantrags ein. Stellt er dabei fest, dass definierte Obergrenzen von Mängeln überschritten wurden oder die Qualitätsprüfung nicht umfassend war, kann er den Antrag ohne eigene Tests zurückweisen und eine Nachbesserung verlangen.

Dieses Konstrukt zwingt den Auftragnehmer zu ausreichenden Qualitätsprüfungen. Mit einer Zurückweisung des Antrags kommt er in terminliche Probleme, die er nur mit erhöhtem Personaleinsatz kompensieren kann. Andernfalls riskiert er Terminüberschreitungen mit daraus resultierenden Pönalregelungen.

Die Kontrolle der Belege für die Qualitätsprüfung ist einfach, wenn man die hier vorgeschlagene Methodik nutzt. Für jede Anforderung aus der ADB für die betreffende Projektphase muss es einen oder mehrere Testfälle geben. Ferner dürfen die festgestellten Mängel die vertraglich definierten Obergrenzen nicht überschreiten.

Da der Auftraggeber unabhängig vom Auftragnehmer auch ein Testkonzept mit Testfällen entwickeln musste, kann er jetzt einfach seine Ausarbeitung mit den Belegen des Auftragnehmers vergleichen. Daraus kann der Auftraggeber ableiten, ob die Unterlagen des Auftragnehmers eine ausreichende Qualitätsprüfung belegen.

War die Prüfung des Antrags erfolgreich, kann der Auftraggeber mit seinen Prüfungen beginnen. Die Ergebnisse der Prüfung werden in einem Testbericht festgehalten und in der

ADB den Anforderungen zugeordnet. Auf diese Weise hat der Auftraggeber einen genauen Überblick über den Realisierungsstand seiner Anforderungen.

Festgestellte Mängel werden in die MDB eingetragen. Am Ende des Tests wird ermittelt, wie viele Mängel in welcher Mängelklasse aufgetreten sind. Wird die vertraglich zulässige Obergrenze für Mängel überschritten, versagt der Auftraggeber die Abnahme und setzt dem Auftragnehmer eine angemessene Frist zur Korrektur. Dementsprechend wiederholt sich der dargestellte Ablauf bis eine Qualität erreicht ist, die eine Abnahme ermöglicht.

3.6.5.6.3 Bemerkungen zum Abnahmeverfahren

Die Abnahme prüft, ob die definierten Anforderungen durch die Leistungen des Auftragnehmers erbracht wurden. Von elementarer Bedeutung ist dabei die Definition der Anforderungen. Nur das kann vom Auftragnehmer verlangt werden, was auch beschrieben und als Vertragsbestandteil eingebracht wurde.

Hier erkennt man jetzt, welche Bedeutung die Spezifikation der Anforderungen hat. Sie ist nicht nur die Grundlage für die analytisch objektive Auswahl des besten Angebots; sie definiert letztlich auch die Leistungen, die der Auftragnehmer erbringen muss, und sie ist Maßstab für die Bewertung der Leistungen.

Einer der häufigsten Fehler der Auftraggeber liegt darin, die Leistungsanforderung nicht ausreichend zu beschreiben. Teilweise liegt das daran, dass bestimmte Anforderungen als „selbstverständlich" empfunden werden, teilweise ist aber auch Unkenntnis und mangelnde Sorgfalt die Ursache.

Die ganze methodische Konstruktion eines erfolgreichen Projektmanagements beruht auf der Qualität der Anforderungsspezifikation. Wie diese Qualität zu erreichen ist, wurde in den ersten Kapiteln behandelt. Der Auftraggeber muss seine Anstrengung daran setzten, diese Qualität herzustellen, weil sonst die vorgestellte Methodik ihre Wirkung nicht entfaltet. Im Zweifelsfall sollte er fachliche Hilfe zu Rate ziehen.

Ganz wichtig ist auch die Eindeutigkeit von Anforderungen. Große Projekte werden sich auf unterschiedliche Anforderungsunterlagen gründen. Diese Unterlagen dürfen keine Widersprüche in sich tragen. Besonders relevant ist die geforderte Widerspruchsfreiheit zwischen Spezifikation und Feinspezifikation.

Im Rahmen der Erstellung der Feinspezifikation können sich neue Erkenntnisse ergeben, wie die ursprünglichen Problempunkte besser gelöst werden können als es in der Spezifikation vorgesehen war. Ergeben sich solche Änderungen, ist es ratsam, diese im dargestellten Changeverfahren (Kap. 3.6.5.2) zu behandeln. Damit wird eindeutig festgelegt, welche Anforderungen gelten und diese werden dann auch in der ADB registriert. Das gilt auch für Changes, die kostenneutral sind und von beiden Seiten akzeptiert werden.

Natürlich ist damit ein gewisser Formalaufwand verbunden. Aber besonders im Konflikt- oder Streitfall wird man dankbar für eindeutige Unterlagen sein.

Im Hinblick auf das dargestellte Abnahmeverfahren sollte man die hiermit verbundenen Anforderungen an den Auftragnehmer schon in den Ausschreibungsunterlagen be-

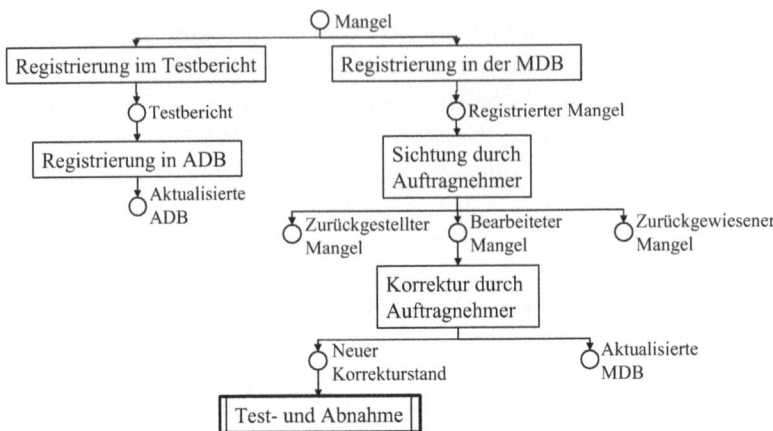

Abb. 3.12 Verfahrensablauf Management von Mängeln

nennen und in die Vertragsunterlagen aufnehmen. Wichtige Punkte sind:

- die Pflicht zur Qualitätskontrolle;
- die Festlegung, unter welchen Bedingungen Abnahmeanträge abgelehnt werden dürfen;
- die Definition von Mängelkategorien und die Festlegung der Kriterien für die Einstufung in eine bestimmte Mängelkategorie;
- die Festlegungen, welche Anzahl von Mängeln einer bestimmten Kategorie die Abnahme verhindert.

3.6.5.7 Management von Mängeln

Entdeckt der Auftraggeber bei seinen Tests Mängel, werden diese zunächst im Testbericht festgehalten und in der MDB registriert (Abb. 3.12). Nach Abschluss des Tests wird das Ergebnis in die ADB eingetragen.

Der Auftragnehmer sichtet regelmäßig den Stand der MDB und trifft Entscheidungen zur Weiterverarbeitung der neu eingestellten Mängel. Seine Untersuchung kann ergeben, dass ein benannter Mangel in Wahrheit kein Mangel ist. Dann wird er die Bearbeitung zurückweisen.

Wenn ein Mangel aus einsehbaren Gründen nicht direkt bearbeitet werden kann, wird die Bearbeitung zurückgestellt. In der MDB wird der Termin vermerkt, an dem die Zurückstellung endet.

Vom Auftragnehmer akzeptierte Mängel werden analysiert und durch entsprechende Software- oder sonstige Korrekturen beseitigt. In der MDB wird festgehalten, welcher Korrekturstand die Beseitigung des Mangels beinhaltet. Der neue Korrekturstand wird dann gemäß dem Ablauf „Abnahmeverfahren" (Kap. 3.6.5.6.2) behandelt.

3.6.5.8 Konfliktmanagement

Können auftretende Konflikte in der Projektbearbeitung zwischen Auftraggeber und Auftragnehmer nicht gelöst werden, müssen diese eskaliert werden (Abb. 3.13).

Abb. 3.13 Verfahrensablauf
Konfliktmanagement

Projektmitarbeiter melden solche Konflikte an den Projektleiter. Dieser behandelt den Konflikt als Tagesordnungspunkt in der Projektleiterbesprechung zwischen Auftraggeber und Auftragnehmer. Kann der Konflikt auch hier nicht gelöst werden, muss er an den Lenkungsausschuss eskaliert werden.

Der Lenkungsausschuss erörtert den Konflikt mit den entsprechenden Vertretern des Auftragnehmers und teilt dem Projektleiter die getroffene Entscheidung mit.

3.6.5.9   Projektplanung

Der Auftragnehmer fertigt einen Entwurf des Projektplans (Abb. 3.14). Hierbei berücksichtigt er die vertraglichen Anforderungen, beauftragte Change Requests, die zur Verfügung stehenden Ressourcen und die Anforderungen aus dem letzten Fortschrittsbericht im Bezug auf die Projektplanung.

Durch Filterung der ADB kann er erkennen, welche Anforderungen für die gewählte Projektphase zu erledigen sind. Hieraus leitet er die notwendigen Aktionen für den Projektplan ab. Eventuell beauftragte Change Requests werden durch die Filterung der ADB ebenfalls berücksichtigt.

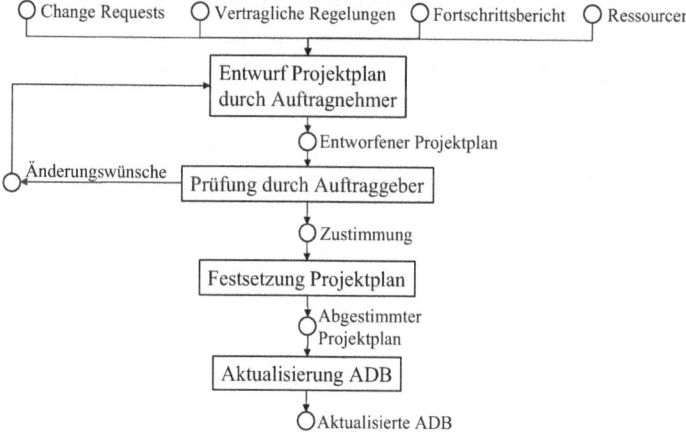

Abb. 3.14 Verfahrensablauf Projektplanung

Nicht immer kann die in Realisierung befindliche Phase so durchgeführt werden, wie es geplant wurde. Daraus ergeben sich Differenzen zum geplanten Stand, die im Projektfortschrittsbericht benannt sein müssen. Diese Differenzen müssen für die Projektplanung berücksichtigt werden.

Aus diesen Angaben entwickelt der Auftragnehmer eine Projektplanung, die die zur Verfügung stehenden Ressourcen mit einbezieht und legt diesen Entwurf dem Auftraggeber vor.

Der Auftraggeber prüft diesen Entwurf und gibt dem Auftragnehmer Änderungswünsche bekannt. Die Änderungen werden eingebracht und schließlich akzeptiert der Auftraggeber den aktualisierten Projektplan. Da der Projektplan vertragswirksame Festlegungen enthält, muss der aktualisierte Stand des Projektplans entsprechend dokumentiert werden.

Aus der aktualisierten Projektplanung können Änderungen in der Zuweisung der Anforderungen zu Projektphasen resultieren. Diese müssen dann auch in der ADB korrigiert werden.

3.6.5.10 Projektcontrolling
Das Projektcontrolling besteht aus fünf Komponenten:

- Aufgabenkontrolle,
- Qualitätskontrolle,
- Terminkontrolle,
- Inhaltskontrolle und
- Kostenkontrolle.

Im Folgenden wird gezeigt, wie die definierten Werkzeuge (Datenbanken) ein effektives und umfassendes Projektcontrolling ermöglichen (Abb. 3.16).

Die ADB wird auf die entsprechende Projektphase gefiltert. Dann erscheinen alle Aufgaben, die innerhalb der Projektphase erledigt werden müssen. Im Projektplan lassen sich die Aktionen zur Realisierung der anstehenden Aufgaben, deren Fertigstellungstermine und die Fertigstellungsvermerke erkennen. Hieraus wird ersichtlich, welche Aufgaben zum Zeitpunkt der Projektkontrolle erledigt sein müssten und wie der wahre Realisierungsstand ist. Es wird empfohlen, die Aufgaben zu identifizieren, die zum Zeitpunkt der Kontrolle laut Plan in der Bearbeitung sein müssten. Deren Arbeitsfortschritt muss dem Verhältnis vergangener Zeit zu geplanter Zeit entsprechen. So muss zum Kontrollzeitpunkt die Aktion 2 (Abb. 3.15) abgeschlossen sein. Aktion 1 muss zu 1/4, Aktion 3 zu 3/4 und Aktion 4 zu 2/3 abgeschlossen sein.

Sehr zu empfehlen ist eine möglichst detaillierte Planung des Projektes. Hierdurch erlangt man sehr unmittelbare Kontrollmöglichkeiten. Wenige, lang andauernde Aktionen vermitteln den Projektmitarbeitern dagegen eine scheinbar lange Bearbeitungszeit. Diese Aufgaben werden dann oft nicht mit der notwendigen Intensität angegangen, so dass regelmäßig zum definierten Ende die Zeit knapp wird.

Auch wird der Erfüllungsgrad einer momentan in Bearbeitung stehender Aufgabe häufig überschätzt. Es genügt also nicht nachzufragen, ob zur Hälfte der Bearbeitungszeit auch

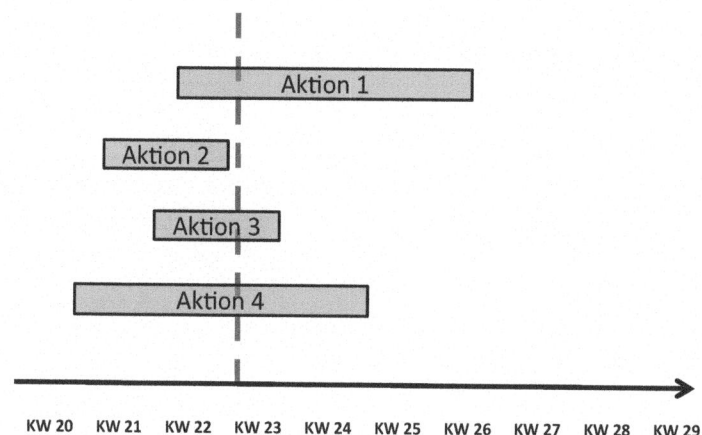

Abb. 3.15 Bearbeitungskontrolle

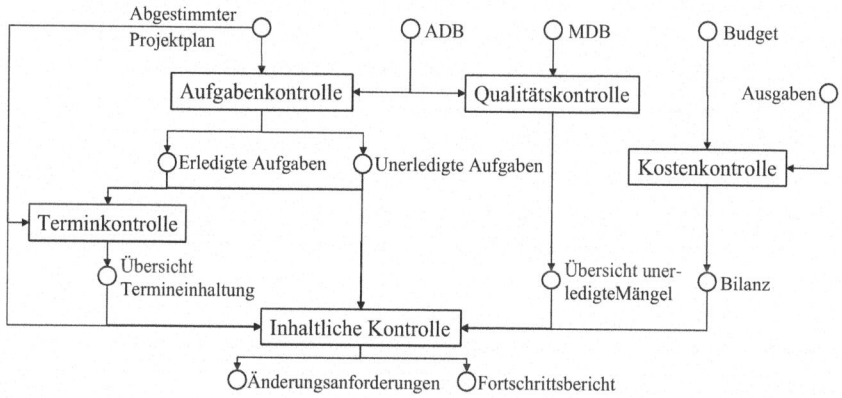

Abb. 3.16 Verfahrensablauf Projektcontrolling

die Hälfte der Arbeiten erledigt ist. Vielmehr muss man wissen, welche Arbeiten für eine geplante Aktion zu erledigen sind und welche davon wirklich erledigt sind. Nur so erlangt man einen realistischen Überblick über den Stand des Projektes.

Eine umfassende Qualitätskontrolle findet während der definierten Abnahmen statt, die Qualitätskontrolle im Rahmen des Projektcontrollings konzentriert sich auf festgestellte und noch nicht beseitigte Mängel. Eine Übersicht der bestehenden Mängel bekommt man durch entsprechende Filterung der ADB. Der genaue Stand der Bearbeitung ist aus der MDB ersichtlich. Hier lässt sich auch nachvollziehen, ob schon festgelegte Erledigungszeitpunkte für die Mängelbeseitigung überschritten wurden.

Die Terminkontrolle erfolgt über den Projektplan und die rückgemeldeten Erledigungsnachrichten.

Die Kostenkontrolle erfolgt unter der Nutzung des vorhandenen kaufmännischen Systems des Auftraggebers. Es wird davon ausgegangen, dass die anfallenden Projektkosten

Abb. 3.17 Prinzipablauf
Dokumentenmanagement

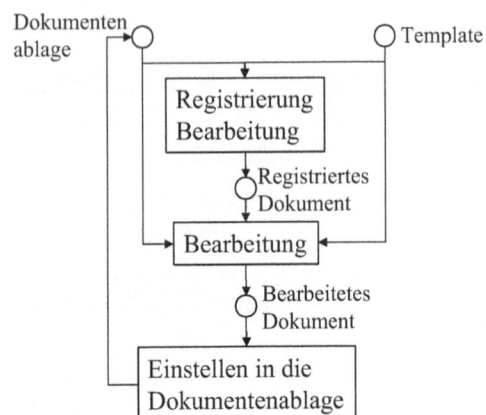

auch separat gebucht werden und dem Projektbudget gegenüber gestellt werden. Ein wesentlicher Punkt der Kostenkontrolle ist der Vertragsabschluss zu Festpreisen. Deshalb ist das hier vorgestellte Projektmanagementmodell auf Festpreise abgestellt. Festpreise lassen sich aber nur erzielen, wenn die Ausschreibung so spezifiziert ist, dass die Bieter auch Festpreise kalkulieren können. Wiederum zeigt sich die Bedeutung der Spezifikation.

Theoretisch kann mit der dargestellten Konzeption keine Kostenüberschreitung durch den Auftragnehmer stattfinden. Durch (kostenpflichtige) Change Requests oder zu niedrig kalkuliertem Eigenaufwand kann es aber durchaus zu Überschreitungen des Budgets kommen. Ein guter Projektmanager wird deshalb immer einen Puffer für unvorhergesehene Ereignisse einplanen. Fünf bis maximal zehn Prozent des Projektvolumens können als Puffer toleriert werden. Ergeben sich tatsächlich größere Überschreitungen, sind mit Sicherheit Fehler im Projektmanagement gemacht worden.

Die Punkte, die aufgrund der oben beschriebenen Kontrollen zu Auffälligkeiten geführt haben, werden jetzt noch genauer inhaltlich überprüft. Damit ist eine Methodik definiert, die zielgerichtet risikobehaftete Tendenzen im Projekt erkennt und diese Punkte dann genauer analysiert.

Die Ergebnisse des Projektcontrollings werden schriftlich im Projektfortschrittsbericht festgehalten. Notwendige Änderungen werden entwickelt, ebenfalls im Projektfortschrittsbericht beschrieben und beeinflussen dann die Projektplanung im Sinne des oben dargestellten Ablaufs.

3.6.5.11   Dokumentenmanagement

Der Ablauf für das Dokumentenmanagement hängt wesentlich von den Werkzeugen ab, die hierfür zur Verfügung stehen. Deshalb werden hier nur die Grundprinzipien erwähnt (Abb. 3.17).

In jedem Fall muss für das Projekt eine definierte Dokumentenablage geschaffen werden. **Ganz wichtig ist die Deklaration dieser Dokumentenablage als einzig gültiger Dokumentennachweis!**

Da es üblich ist, Dokumente über E-Mails auszutauschen, kommt es zu einem regen Austausch der Projektmitarbeiter von Auftragnehmer und Auftraggeber. Der Auftraggeber muss aber zur Kontrolle des Projektes ein hohes Interesse daran haben, dass eindeutig definiert ist,

- wann ein Dokument für das Projekt gültig ist und
- wo gültige Dokumente zu finden sind.

Das gelingt nur durch die Festlegung von Regeln zur Dokumentenführung und der Ablage von Dokumenten. Diese Ablage kann ein Dateiverzeichnis oder eine Datenbank eines Dokumentenmanagementsystems sein. Alle Dokumente des Projektes werden hier in strukturierter Form vorgehalten.

Wenn ein Dokument bearbeitet werden soll, muss eine Registrierung erfolgen, die sicherstellt, dass während der Bearbeitung so lange kein anderer Veränderungen am Dokument vornehmen kann, bis dieses vom Bearbeiter zurückgegeben und wieder im System eingestellt ist.

Neu zu erstellende Dokumente müssen auf der Basis von Templates gefertigt werden. Damit ist sichergestellt, dass sie einer einheitlichen Form und einem einheitlichen Strukturaufbau genügen.

Das Dokumentenmanagement ist eine absolut notwendige Voraussetzung für eine erfolgreiche Projektsteuerung. Je größer ein Projekt ist, desto wichtiger werden Regelungen zur Dokumentenerstellung und -verwaltung. Die wirkliche Bedeutung kommt zutage, wenn Konflikte oder Streitigkeiten entstehen. Wer sich jetzt auf eindeutige Dokumentationen eines Standes stützen kann, ist immer im Vorteil.

3.6.5.12   Berichtswesen

Das Berichtswesen wird zwar von allen Projektmitarbeitern als lästig empfunden, aber eine geordnete Projektführung kommt ohne Berichte über den Projektstand nicht aus. Deshalb sollte man den Auftragnehmer dazu verpflichten, in regelmäßigen Abständen einen Bericht zum Stand des Projektes abzugeben. Dieser Projektfortschrittsbericht sollte folgende Punkte zum bezeichneten Stichtag behandeln:

- Welche Punkte sind gemäß Projektplan erfolgreich abgeschlossen?
- Wie ist der Stand der augenblicklich bearbeiteten Themen?
- Welche Abweichungen ergeben sich zum Projektplan?
- Warum gibt es diese Abweichungen?
- Welche Auswirkungen ergeben sich durch diese Abweichungen?
- Wie werden negative Auswirkungen kompensiert?
- Welche Probleme gibt es?
- Welche Probleme sind zu erwarten?
- Welche Maßnahmen werden ergriffen, um bestehende Probleme zu lösen und mögliche zu vermeiden?

Der Projektleiter des Auftraggebers ist gegenüber dem Lenkungsausschuss ebenfalls zum Bericht verpflichtet. Der Projektfortschrittsbericht des Auftraggebers beinhaltet zwei Hauptthemen:

- den Stand des Projektes mit besonderer Berücksichtigung der Auftraggeber-seitigen Angelegenheiten und
- die Kommentierung des Projektfortschrittsberichtes des Auftragnehmers.

Der Projektfortschrittsbericht des Auftraggebers behandelt im Wesentlichen die gleichen Fragen wie oben dargestellt. Zusätzlich wird auf die Situation und Belange der Projektmitarbeiter und die Kostenentwicklung im Projekt eingegangen.

Bei Großprojekten ist es ratsam, auch von den Teilprojektleitern einen Projektfortschrittsbericht erstellen zu lassen, der dann dem Projektleiter zugesendet wird. Dieser fasst die Ergebnisse in seinem Bericht zusammen und ergänzt diesen dann um seine Belange.

3.6.6   Dokumentationen

Zur eindeutigen Projektsteuerung und –kontrolle sowie zur Rechtssicherheit müssen zusätzlich zu den erwähnten projektbegleitenden Dateien, Datenbanken oder Applikationen (Kap. 3.6.4) Projekt- und Systemdokumentationen geführt werden. Aus dieser Notwendigkeit resultieren folgende Dokumente:

- Projektdokumentationen
  - Projektpläne
  - (Fein-)Spezifikationen
  - Besprechungsprotokolle
  - Testkonzepte
  - Testfälle
  - Testberichte
  - Anträge
  - Freigabeprotokolle
  - Abnahmeprotokolle
  - Change Requests
  - Schulungsunterlagen
- Systemdokumentationen
  - Anwenderhandbuch
  - Softwaredokumentation
  - Administratorhandbuch
  - Datenmodell

Diese Dokumente müssen auf jeden Fall **in digitaler Form erstellt und abgelegt** werden. Analoge Dokumente sind entsprechend einzuscannen.

Aus der Aufstellung wird ersichtlich, welche Menge von Dokumenten erforderlich ist, um ein geordnetes Projektmanagement zu installieren. Wie schon erwähnt, helfen hierbei entsprechende Dateien, Datenbanken oder Applikationen (Kap. 3.6.4). Zusätzlich sollten aber auch die aufgeführten Dokumente – zumindest die Projektdokumente - genormt werden. Auf die Normung der Systemdokumentationen haben die Auftraggeber in der Regel keinen oder nur geringen Einfluss.

Projektmitarbeiter müssen sich gezielt über bestimmte Projektstände informieren können. Dazu müssen eine passende Dokumentationsablage (Kap. 3.6.4), Dokumentationsabläufe (Kap. 3.6.5.11) und genormte Dokumente geschaffen werden. Für jeden oben aufgeführten Dokumententyp sollte jeweils eine Vorlage (Template) geschaffen werden, auf der sämtliche Dokumente erzeugt werden.

Der Vorteil der Templates besteht in:

- deren strukturiertem Aufbau,
- der Definition, an welcher Stelle welche Informationen zu finden sind und
- dem gleichen Erscheinungsbild von Dokumenten gleichen Typs.

Ein Dokumententyp muss folgende Informationen haben:

- Bezeichnung der Dokumentendatei nach einem definierten Bezeichnungsschlüssel,
- Titel,
- verantwortlicher Autor,
- Version,
- Datum der letzten Aktualisierung,
- Gültigkeitsstatus (z. B. Entwurf, Freigabe o.ä.),
- Änderungshistorie (Tabellarische Darstellung, in welcher Version, wann, von wem, welche Änderungen eingebracht wurden),
- Freigabevermerke (Tabellarische Darstellung, welche Bereiche, in welcher Version, wann, von wem, freigegeben wurden),
- Referenzierte Dokumente (Tabellarische Darstellung, auf welche sonstigen Dokumente, in welcher Version, von welchem Autor Bezug genommen wird und wo diese Dokumente abgelegt sind),
- Inhaltsverzeichnis.

Natürlich bedeutet die vorgeschlagene Dokumentenorganisation einen gewissen Aufwand, aber

- ein Projektleiter ist zu einer revisionssicheren Führung der Projektunterlagen verpflichtet.
- hierdurch ist eindeutig definiert, wo es welche Informationen geben muss. Selbst ein Projektmitarbeiter, der längere Zeit im Projekt nicht tätig sein konnte, kann sich mit einer definierten Dokumentenorganisation ableiten, welche Dokumente für ihn wichtig sind und wo er sie finden kann.

- hierdurch werden zeitaufwändige Suchen, Missverständnisse und Kommunikations-mängel vermieden.
- im Streit- oder Konfliktfall kann auf genaue Belege zurückgegriffen werden.
- eine einmal entworfene Dokumentenorganisation kann –eventuell mit geringfügigen Anpassungen – für jedes weitere Softwareprojekt übernommen werden. Auch für an-dere beliebige Projekte kann der Teil, der nicht fachspezifisch ist, übernommen werden. Angesichts der wiederkehrenden Vorteile, die diese Organisation mit sich bringt, relati-viert sich der hierzu notwendige Aufwand.

Je größer ein Projekt ist, desto zwingender ist eine straffe Organisation der im Projekt anfallenden Dokumente.

3.6.7   Definition von Mängeln

Ein Kernpunkt des Softwareprojektmanagements ist die Definition von Mängeln und die Festlegung, ab wann einer zur Abnahme bereitgestellten Lieferung die Abnahme versagt wird.

Es ist einsehbar, dass Mängel in Softwareprojekten unterschiedlich schwerwiegend sind. Ein Rechtschreibfehler im Benutzerhandbuch muss eine ganz andere Mängelkatego-rie darstellen als auftretende Programmabbrüche. Deshalb ist es üblich, für Softwaremän-gel Kategorien einzuführen, die sich an den Auswirkungen eines Mangels orientieren.

So kommt man zu den klassischen drei Einteilungskriterien:

- betriebsverhindernde Mängel (Mängelklasse A),
- betriebsbehindernde Mängel (Mängelklasse B) und
- leichte Mängel (Mängelklasse C).

In die Kategorie „betriebsverhindernd" werden Mängel eingestuft, die so gravierend sind, dass sie den Betrieb mit der Software nicht mehr möglich machen. Ein typisches Beispiel ist der Absturz eines Systems.

Mit Kategorie B werden Mängel eingestuft, die zu Teilen betriebsverhindernden Cha-rakter haben, aber durch Umgehungen dazu führen, dass nicht der komplette Betrieb mit der Software zum Erliegen kommt. Ein typischer Mangel wäre ein Berechnungsfehler in einer Funktion.

Leichte Mängel sind dementsprechend Mängel, die nicht unter die beiden anderen Ka-tegorien fallen.

Da festgestellte Mängel erhebliche Konsequenzen haben können, sind möglichst ge-naue Definitionen wichtig. Diese Definitionen müssen erstellt werden für:

- die Mängelkategorien selbst und
- die Abnahmekriterien.

Wie aus den obigen Erklärungen der Mängelkategorien sichtbar ist, sind die Definitionen der Kategorien dort nicht eindeutig abgrenzbar. Allgemein eine genaue Abgrenzung vorzunehmen, ist äußerst schwierig. Deshalb ist es ratsam, der Definition auch typische Beispiele aus der Praxis hinzuzufügen, damit sie klarer wird und auftauchende Mängel eindeutig zugeordnet werden können.

Wird eine Abnahme aufgrund zu gravierender und/oder häufiger Mängel versagt, wird der Auftragnehmer die Mängel selbst bzw. deren Zuordnung zu den Kategorien anzweifeln, um so die Abnahme doch noch zu bekommen. Schließlich sind in der Regel mit Abnahmen Zahlungsleistungen des Auftraggebers verbunden. Hat man aber vorab typische Beispiele für die Zuordnung zur Mängelklasse in die Definition aufgenommen und diese Definitionen auch zum Vertragsgegenstand gemacht, ist das Recht des Auftraggebers damit untermauert. Der Auftragnehmer hat keine Chance, den vereinbarten Wirkungen von Mängeln zu entgehen.

Auch muss genau klargestellt werden, ab welcher Menge von Mängeln eine Abnahme vom Auftraggeber versagt werden darf.

3.6.8 Qualitätsmanagementhandbuch

Das im Kap. 3.6 aufgeführte Qualitätsmanagement sollte entsprechend ausgearbeitet und in einem QM-Handbuch dokumentiert werden. Neben den bereits dargelegten Vorteilen der Wiederverwendbarkeit und der Verfahrens- und Rechtssicherheit kann so der Auftragnehmer mit auf die Regeln des QM-Handbuchs verpflichtet werden.

3.7 Vorbereitende Arbeiten nach Vertragsabschluss

Mit dem Vertragsabschluss ist eine wichtige Stufe in der Realisierung des Softwareprojektes geschafft. Bis zu diesem Zeitpunkt liegt der Erfolg des Projektes ausschließlich in der Hand des Auftraggebers. Jetzt wird in der Regel der Projektleiter des Auftragnehmers für die Realisierung des Projektes verantwortlich. Damit enden aber nicht die Aufgaben des Auftraggebers. Soll das Projekt zum Erfolg gebracht werden, muss der Auftraggeber unbedingt die Kontrolle über das Projekt behalten. Außerdem hat er gegenüber dem Auftragnehmer Mitwirkungspflichten.

Neben der Projektkontrolle muss er im Wesentlichen in folgenden Bereichen aktiv werden:

- Beschaffungen,
- Technische Vorbereitungen und
- Projektorganisation.

3.7.1   Beschaffungen

Normalerweise werden die für das Projekt notwendigen Hardwarebeschaffungen und deren Installation durch den Auftraggeber selbst erledigt. Er hat ein Interesse, dass seine Hardwareausstattung seinem strategischen Konzept folgt und meistens hat er auch etablierte Lieferanten oder Rahmenverträge mit solchen Lieferanten.

Der Auftraggeber sollte nur sicherstellen, dass die beschaffte Hardware der bestellten Software genügt. Dies lässt sich am leichtesten erreichen, indem er sich seine beabsichtigte Hardwareausstattung vom Auftragnehmer zertifizieren lässt. Damit ist sichergestellt, dass sich der Auftragnehmer bei späteren Mängeln nicht auf eine unpassende Hardwareausstattung berufen kann.

Basissoftwareprodukte wie Betriebssystem, Datenbanken, Kommunikationssoftware u.ä. installiert in der Regel auch der Auftraggeber. Wichtig ist, im Vertrag die genaue Abgrenzung der Mitwirkungspflicht im Bezug auf die Beistellung von Hard- und Basissoftwareprodukten zu definieren.

3.7.2   Technische Vorbereitungen

Den vertraglich definierten Mitwirkungspflichten entsprechend, muss der Auftraggeber sich darum kümmern, die technischen Einrichtungen für das Projekt herzustellen. Dies können sein:

- Bereitstellung von Hard- und Basissoftware und des IT-Kommunikationsnetzes und der Integrationsumgebung für die neue Software
  Aus Gründen der IT-Sicherheit stellt der Auftraggeber dem Auftragnehmer eine komplette Infrastruktur für Test und Betrieb der neuen Software zur Verfügung. Je nach Projektgröße beinhaltet dies den Aufbau getrennter Systemwelten für Entwicklung, Test, Schulung und Betrieb der neuen Software.
  Weiterhin müssen die neuen Softwareprodukte in das Datensicherungskonzept des Auftraggebers eingebunden werden.
  Je nach Integrationsanforderung müssen bestehende Programme auf die Interaktion mit der neuen Software eingerichtet werden.
- Einrichtung von Rechten und Zugriffsmöglichkeiten auf bestehende Programme für den Auftragnehmer
  Für Test- und Entwicklungsarbeiten müssen dem Auftraggeber u. U. auch Zugriffsrechte auf bestehende Programme eingeräumt werden.
- Bereitstellung von Testdaten und Daten für Migrationen
  Je nach Vereinbarung stellt der Auftraggeber dem Auftragnehmer Testdaten zur Verfügung, um die Funktionsweise des neuen Programms mit eigenen Daten überprüfen zu können.

Für Migrationen muss der Auftraggeber seine Daten aus dem Altsystem auslesen und dem Auftragnehmer in verabredeter Form bereitstellen. Vor einer Migration können auch durchaus noch weitere Arbeiten notwendig sein wie:
- Datenanalysen;
- Identifizierung und Korrektur fehlerhafter Daten;
- Vervollständigung von Daten.

3.7.3 Projektorganisation

Der Auftraggeber muss sein gesamtes Projekt aufstellen und organisieren. Hierzu gehören:

- Aufbau der Projektorganisation,
- Logistik und
- Aufbau des Qualitätsmanagements.

3.7.3.1 Aufbau Projektorganisation

Für größere Projekte ist folgender Organisationsaufbau zweckmäßig:

- Projektleiter und sein Stellvertreter
  Der Projektleiter fungiert als Ansprechpartner für das Projekt intern wie extern. Direkt sollte auch sein Stellvertreter benannt und entsprechend in die Projektgeschäfte einbezogen werden, so dass er im Vertretungsfall ohne wesentliche Verzögerungen die Leitung des Projektes übernehmen kann.
- Projektsekretariat
  Das Projektsekretariat übernimmt Verwaltungsarbeiten nach Maßgabe des Projektleiters wie Terminabstimmungen, Logistik, Dokumentenverwaltung und kaufmännische Verwaltungsarbeiten.
- Lenkungsausschuss
  Der Lenkungsausschuss besteht aus leitenden Mitarbeitern des Auftraggebers. Er nimmt die Funktion eines controllenden und Eskalationsorgans wahr. Ihm gegenüber berichtet der Projektleiter.
- Controller
  Teile der Controllingaufgaben wie Abrechnungs-, Budget- und Terminkontrolle können an Controller abgegeben werden. Das fachlich inhaltliche Controlling des Projektes ist aber Aufgabe des Projektleiters.
- Projektmitarbeiter
  Projektmitarbeiter werden als Teilprojektleiter oder als Sachbearbeiter des Projektes eingesetzt. Als Teilprojektleiter übernehmen diese Mitarbeiter definierte Teilaufgaben des Projektleiters (fachliche Spezifikationen; Tests und Abnahmen) und sind ihm gegenüber berichtspflichtig.

Sachbearbeiter werden für die Bearbeitung definierter Sachthemen eingesetzt. Üblicherweise sind dies Mitarbeiter aus den Fachbereichen des Themas der einzusetzenden Software und der IT-Abteilung. Optional kommen noch Mitarbeiter aus dem Einkauf und der Rechtsabteilung hinzu.

Bei kleineren Projekten ergibt sich ein entsprechend reduzierter Aufbau der Projektorganisation. Von großer Bedeutung ist eine ausreichende Verfügbarkeit der definierten Mitarbeiter im Projekt. Idealerweise werden Mitarbeiter für ein Projekt nach einem festgelegten Umfang mittels Projektvertrag abgestellt. Diese sinnvolle Organisation kommt leider nur sehr selten zur Anwendung.

Umso schwieriger ist es dann für den Projektmanager, die benötigten Mitarbeiter zur gegebenen Zeit auch im geplanten Umfang einsetzen zu können. Hieraus wird ersichtlich, wie wichtig die Projektplanung des Auftraggebers ist. Nur durch vorausschauende Planung, die mit den Vorgesetzten der zum Projekt herangezogenen Mitarbeiter abgestimmt werden muss, kann der erforderliche Einsatz eines Projektmitarbeiters sichergestellt werden.

3.7.3.2 Logistik

Für ein Softwareprojekt muss eine entsprechende Logistik aufgebaut und verfügbar gemacht werden. Hierzu müssen:

- Räumlichkeiten für die Projektarbeit reserviert und ausgestattet werden.
- Materialien für die Workshops beschafft und bereitgestellt werden.
- Abläufe für die Durchführung des Projektes geschaffen werden (siehe Kap. 3).

3.8 Feinspezifikation

Um die Feinspezifikation planen und überwachen zu können, muss man sich einen Überblick über den Aufwand für deren Erstellung verschaffen. Dazu wird folgende Vorgehensweise empfohlen, die sich systematisch bis zur fertigen Feinspezifikation entwickeln lässt (Abb. 3.18).

Im ersten Schritt sollte zusammen mit dem Auftragnehmer geklärt werden, welche Anforderungen einer weiteren Spezifikation bedürfen. Dazu zieht man die ADB heran und klärt, für welche Anforderungen dies erforderlich ist. Die so selektierten Anforderungen werden thematisch gruppiert. Damit sind die Themen und ihre genauen Inhalte klar, die feinspezifiziert werden müssen.

Jetzt baut man für jedes Thema eine Gliederung auf, die auf der Stoffsammlung der zugehörigen Anforderungen basiert. Damit ist der Umfang und Inhalt der erforderlichen Feinspezifikation definiert. Je nach Zweckmäßigkeit kann man noch entscheiden, ob man alle Themen in einem oder mehreren Dokumenten behandelt.

Abb. 3.18 Entwicklung der
Feinspezifikation

Anhand des Ausarbeitungsstandes der Kapitel einer Spezifikation erkennet man den Fortschritt der Arbeiten

Die Feinspezifikation ist in aller Regel Aufgabe des Auftragnehmers. Es wird aber trotzdem angeraten, die Arbeiten in der beschriebenen Weise zu verfolgen bzw. diese Art der Bearbeitung vom Auftragnehmer zu verlangen. Ein Ziel des Projektmanagements des Auftraggebers ist die jederzeitige Kontrolle über das Projekt. Deshalb sollte man sich nicht darauf verlassen, dass der Auftragnehmer nach so systematischen Modellen arbeitet, wie sie hier vorgestellt werden.

Die hier beschriebene Ablaufsystematik lässt sich noch weiter nutzen. Um Zeit zu sparen, können fertiggestellte Kapitel der Feinspezifikation schon in die Entwicklung gehen. Hierzu spricht der Auftraggeber Kapitel bezogen Freigaben der Spezifikation aus.

Dabei sollte die rechtliche Konsequenz einer freigegebenen Feinspezifikation beachtet werden. Sie gehört zu den Vertragsunterlagen und definiert damit die vom Auftragnehmer zu erbringende Leistung. Das ist so lange unproblematisch, wie die Feinspezifikation nur eine feinere Beschreibung für eine Anforderung der Spezifikation ist.

Es kann durchaus sein, dass mit den vertieften Überlegungen während der Feinspezifikation Erkenntnisse kommen, die es nahelegen, die ursprünglichen Anforderungen zu modifizieren. In diesem Fall sollte man sich der Mühe unterziehen, einen Change Request zu formulieren, selbst wenn die Änderungen aufwandsneutral sind. Letztlich bedeutet dies eine Klarstellung der gültigen Anforderung und damit Rechtssicherheit.

Es kann aber auch vorkommen, dass der Auftragnehmer versucht, mit der Feinspezifikation Anforderungen zu beeinflussen, um sie in eine Ausprägung zu bringen, die für ihn leichter zu realisieren ist. Sobald die Feinspezifikation vom Auftraggeber freigegeben ist, gelten die hier getroffenen Festlegungen, selbst wenn sie der ursprünglichen Spezifikation widersprechen würden.

Für den Auftraggeber ist es schwierig, einen möglichen Dissens zwischen Spezifikation und Feinspezifikation zu erkennen. Deshalb sollte er vertraglich festlegen, dass Änderungen der Vertragsunterlagen ab dem Zeitpunkt der Auftragsvergabe nur über Change Requests eingebracht werden können und wenn Feinspezifikationen von der ursprünglichen Anforderung abweichen, diese nur dann gültig sind, wenn der Auftraggeber dem dazu erstellten Change Request zugestimmt hat.

So ist sichergestellt, dass der Auftragnehmer dem Auftraggeber in jedem Fall eine Abweichung zur ursprünglichen Anforderung deutlich machen muss und diese nur dann
zum Vertragsbestandteil wird, wenn der Auftraggeber explizit zugestimmt hat.

3.9   Test und Abnahme

3.9.1   Vorbereitende Maßnahmen

Aufgrund der weitreichenden Wirkungen einer Abnahmeerklärung (Kap. 3.6.5.6.1) müssen Tests für die Abnahme sorgfältig vorbereitet werden.

3.9.1.1   Ablauforganisation

Nach Vertragsabschluss dauert es in der Regel ein paar Wochen, ehe die gemeinsame Projektarbeit mit dem Auftragnehmer aufgenommen wird. Diese Zeit sollte der Auftraggeber
nutzen, um neben seinen Mitwirkungspflichten auch schon das Testkonzept auszuarbeiten
(Kap. 3.6.5.6). Die Testfälle können erst entwickelt werden, wenn die Feinspezifikation
zumindest für die betreffenden Themen freigegeben ist.

Um den Aufwand für den Entwurf der Testfälle zu verteilen und so früh wie möglich in
Angriff nehmen zu können, wird empfohlen:

- unmittelbar nach Vertragsabschluss die ADB aufzustellen,
- mit dem Auftragnehmer festzulegen, welche Anforderungen der ADB feinspezifiziert
  werden müssen und
- den Auftragnehmer zu bitten, mit der Entwicklung des Projektplans auch die einzelnen
  Anforderungen der ADB den Phasen des Projektplans zuzuweisen.

Dann können schon für alle Anforderungen der ersten Projektphase, die nicht fein spezifiziert werden müssen, die Testfälle entworfen werden. Parallel mit der Fertigstellung
einzelner Kapitel der Feinspezifikation werden dann die restlichen Testfälle entwickelt. Mit
dem Antrag des Auftragnehmers auf Abnahme müssen in jedem Fall alle Testfälle fertig
konzipiert sein, damit der Auftraggeber sich ganz der Abnahme widmen kann.

3.9.1.2   Entwicklung der Testfälle

Die Testfälle werden sukzessiv entwickelt. Um die Arbeit hierfür gleichmäßig zu verteilen,
wird damit so früh wie möglich begonnen, so dass sich folgender Ablauf ergibt (Abb. 3.19):

- Als erstes werden aus der ADB die Anforderungen selektiert, die keiner weiteren Spezi-
  fikation bedürfen.
- Dann erfasst man die fein zu spezifizierenden Anforderungen und arbeitet diese in der
  Folge der Freigabe der Feinspezifikation ab.

Abb. 3.19 Entwicklung von
Testfällen

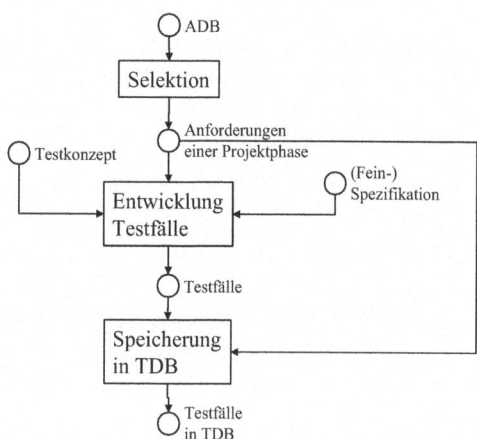

Auf diese Weise bekommt man in einer zeitlich optimierten Folge alle Anforderungen, zu denen Testfälle entwickelt werden müssen. Diese werden mit ihrer Referenz zur ADB und ihrer Kurzbezeichnung in die Testdatenbank (TDB) übertragen.

Der Art der Anforderung entsprechend gibt nun das Testkonzept vor, wie die Testfälle zu gestalten sind und welche Kriterien für die Qualitätsprüfung erfüllt sein müssen. Die fachliche Anforderung ergibt sich aus der (Fein-)Spezifikation. Mit diesen Inputs werden die zur Anforderung gehörigen Testfälle entworfen und in der TDB gespeichert.

Nicht nur aus auswertetechnischen Gründen lohnt sich der Aufbau einer TDB. Im Lebenszyklus eines Softwareprojektes kommt es mit Sicherheit auch zu größeren Aktualisierungen oder technischen Umstellungen, zu denen immer die Funktionsfähigkeit des Systems überprüft werden muss. Hierbei kann dann auf die für das System entwickelte TDB zurückgegriffen werden, so dass es nur der Anpassung von Testfällen bedarf, große Teile der Testfälle aber unverändert genutzt werden können.

3.9.2 Schutz vor ungerechtfertigter Mehrarbeit

Der Kostendruck kann bei Auftragnehmern dazu führen, dass Qualitätskontrollen für Lieferungen nicht im notwendigen Umfang durchgeführt werden. Hierdurch entstehen für den Auftraggeber Mehrbelastungen durch Reklamationen und Wiedervorlagen. Deshalb sollte der Auftragnehmer vertraglich auf jeden Fall zur Qualitätskontrolle verpflichtet werden, bevor er den Antrag auf Abnahme stellt.

Aber selbst solche vertraglichen Konstruktionen garantieren nicht, dass sich der Auftragnehmer an diese Vereinbarung hält. Um zumindest ungerechtfertigte Mehrarbeit des Auftraggebers abzuwenden, sollte zusätzlich auch die Möglichkeit der Zurückweisung des Abnahmeantrags vereinbart werden, wenn

- die Qualitätskontrolle des Auftragnehmers unvollständig ist;
- nicht alle notwendigen Dokumente zum Abnahmeantrag hinzugefügt werden (z. B. Protokolle der Tests, Handbücher, Programmdokumentationen u.ä.);
- Mängel in einer Schwere und/oder Häufigkeit auftreten, die die vertraglich vereinbarten Schwellen überschreiten.

Mit dem Abnahmeantrag müssen Belege der Qualitätskontrolle und des erreichten Ergebnisses eingereicht werden.

Die Erfahrung zeigt nämlich, dass diese Kontrolle oft nicht erschöpfend ist, weil der Auftraggeber bei seinen Überprüfungen Mängel in einer Häufigkeit und Schwere findet, die bei sachgerechter Kontrolle hätten auffallen müssen. Solange es sich für den Auftragnehmer wirtschaftlich rechnet und er keine vertraglichen Nachteile zu befürchten hat, besteht die Versuchung, Qualitätskontrollen gering zu halten oder sogar ausfallen zu lassen.

Deshalb sollte neben den oben aufgeführten vertraglichen Regelungen dem Auftraggeber das Recht eingeräumt werden,

- den Antrag auf Abnahme zurückzuweisen, wenn die entsprechenden Anforderungen zum Abnahmeantrag nicht erfüllt sind.
- Die Abnahme zu versagen und abzubrechen, sobald Mängel in einer Art oder Menge gefunden werden, die jenseits der vereinbarten Schwellenwerte liegen.

Ein seriöser Auftragnehmer wird mit diesen vertraglichen Regelungen keine Probleme haben. Für den Auftraggeber bedeuten diese Regelungen aber einen zusätzlichen rechtlichen Schutz seiner Ansprüche. Außerdem wird verhindert, dass Aufgaben des Auftragnehmers an ihn delegiert werden.

Bei der Zurückweisung des Abnahmeantrags und bei dem Versagen der Abnahme ist der Auftragnehmer zur Nachbesserung verpflichtet und muss danach einen erneuten Antrag auf Abnahme stellen. Hierdurch entgehen ihm eingeplante Zahlungen, er muss erhöhte Personalkapazitäten einsetzen, um die vereinbarten Projekttermine halten zu können, und er riskiert infolge von Terminüberschreitungen die festgelegte Pönale.

Alle dargestellten Regelungen sind zwar keine Garantie dafür, dass der Auftragnehmer qualitativ gute Lieferungen beibringt. Doch haben sie zwei wichtige Effekte:

- Der Auftraggeber wird die festgesetzten Beträge nur bezahlen, wenn er dafür auch die spezifizierte Leistung bekommen hat.
- Die konsequente Haltung des Auftraggebers wird den Auftragnehmer dazu bewegen, seine Lieferungen zu prüfen, weil mit dem Versagen der Abnahme erhebliche Nachteile für ihn entstehen.

3.9.3   Umgang mit festgestellten Mängeln

Werden bei den Tests Mängel gefunden, müssen diese dem Auftragnehmer *schriftlich* angezeigt werden. Der Mangel muss so beschrieben werden, dass der Auftragnehmer ihn untersuchen und reproduzieren kann. Deshalb ist es wichtig, neben der Mangelbeschreibung noch folgende Informationen mitzugeben:

- Eingesetzter Software- und Datenbanklevel;
- Ablauf, aus dem heraus der Mangel aufgetreten ist;
- Evtl. erfolgte Rückmeldungen des Systems;
- Evtl. Screenshot.

Mit der Anzeige des Mangels muss dem Auftragnehmer eine angemessene Frist für die Beseitigung und Wiedervorlage gesetzt werden.

Für die Meldung von Mängeln stellen die Auftragnehmer teilweise auch Systeme bereit, die den Ablauf von der Meldung bis zur Beseitigung unterstützen und dokumentieren. Werden solche Systeme eingesetzt, muss der Auftraggeber dafür sorgen, dass er regelmäßig les- und auswertbare Aktualisierungen des Systems bekommt, damit er im Konfliktfall auch auf diese Informationen unabhängig vom Auftragnehmer zurückgreifen kann.

Mängel müssen einer Mängelkategorie zugewiesen werden. Dies ist ein kritischer Punkt, weil hierdurch die Schwere eines Mangels festgelegt und damit auch Einfluss auf das Ergebnis der Abnahme ausgeübt wird. Wie erwähnt lassen sich keine allgemeinen Definitionen finden, die die genaue Abgrenzung der Kategorien festlegen. Falls hier ein Interpretationsspielraum besteht, wird der Auftragnehmer in kritischen Fällen der gewählten Einstufung des Auftraggebers widersprechen.

An dieser Stelle hilft nur, die Definition der Mängelkategorien in den Vertragsunterlagen mit möglichst vielen Beispielen zu versehen, die die genaue Einstufung eines Mangels festlegen.

3.9.4 Fristen

Da das hier vorgestellte Modell der Abnahme dreistufig angelegt ist (Abnahmeantrag, dessen Prüfung und Abnahmetest), müssen Fristen für die Bearbeitung festgelegt werden (Abb. 3.20), die für beide Parteien bindend sind. Generell gibt der Projektplan Bearbeitungszeiten für bestimmte Aktionen vor. Da die Abnahme aber ein sehr bedeutender Schritt in einem Projekt ist und der Projektplan ständig überarbeitet wird, ist es wichtig, für die Bearbeitungsschritte der Abnahme genaue Fristen vertraglich festzulegen für:

- die Bearbeitungszeit für die Antragsbearbeitung
  Dies ist die Zeitspanne vom Eingang des Antrags auf Abnahme bis zum Eingang der Mitteilung auf Annahme oder Ablehnung des Antrags beim Auftragnehmer.
- die Dauer des Abnahmetests (Abnahmetest);
- die Zeitspanne für die Ergebnismitteilung
  Dies ist die Zeitspanne, zu der die Mitteilung über das Testergebnis nach Abschluss des Abnahmetests beim Auftragnehmer eingegangen sein muss.

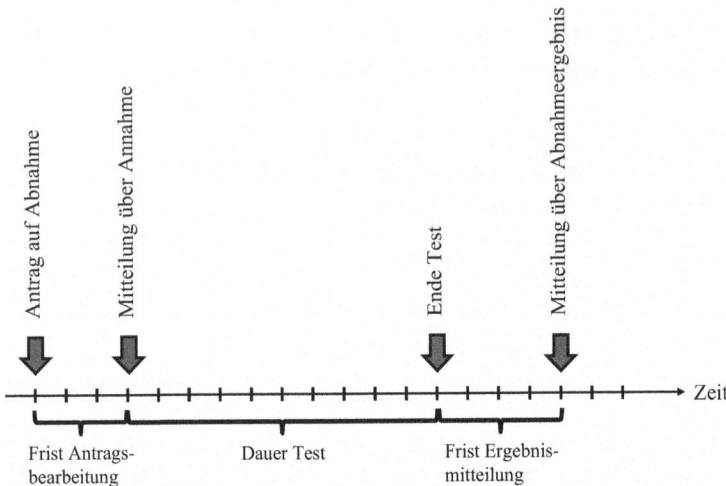

Abb. 3.20 Fristen bei der Abnahme

Erhält der Auftragnehmer keine fristgerechte ablehnende Mitteilung über die Prüfung seines Abnahmeantrags, gilt der Antrag als angenommen, selbst wenn gravierende Mängel festgestellt wurden.

Der Abnahmetest beginnt

- mit dem Datum der Mitteilung über die Annahme des Abnahmeantrags bzw.
- am Folgetag nach Verstreichen der für die Antragsbearbeitung festgelegten Frist.

Er endet nach Ablauf der vertraglich festgesetzten Dauer.

Der Folgetag nach Ablauf der Frist für den Abnahmetest ist dann der Beginn der Frist, die für die Mitteilung des Abnahmeergebnisses eingeräumt wird. Falls der Test wegen schwerwiegender Mängel abgebrochen wird, ist dies dem Auftragnehmer unmittelbar mitzuteilen.

Hat der Auftragnehmer nach Ablauf der Ergebnismitteilungsfrist keine Mitteilung über das Abnahmeergebnis erhalten, gilt die Abnahme durch Fristablauf als erteilt.

3.9.5 Abnahmeerklärung

Die Abnahme muss der Auftraggeber schriftlich erklären. Diese Erklärung kann Folgendes beinhalten:

- das Versagen der Abnahme;
- die Abnahme von Teilen;

- die Abnahme unter Auflagen;
- die mängelfreie Abnahme.

Werden beim Abnahmetest Mängel in einer Häufigkeit und/oder Schwere festgestellt, die über den definierten Schwellenwerten liegen, so **kann** der Auftraggeber die Abnahme versagen. In der Regel wird er die Abnahme dann auch nicht erteilen. Es ist aber trotzdem strategisch günstig, vertraglich die „kann"-Bedingung zu wählen. Damit verfügt der Auftraggeber über alle Möglichkeiten, der Rahmensituation entsprechend über die Abnahme zu entscheiden oder besondere Vereinbarungen mit dem Auftragnehmer zu treffen.

Betrifft die Abnahme unterschiedliche Themen und haben bestimmte Themen eine ausreichende Qualität, so kann der Auftraggeber für diese die Abnahme aussprechen.

Um den Projektbetrieb nicht zum Erliegen zu bringen, ist es sinnvoll, Abnahmen zu erteilen, selbst wenn noch (geringfügige) Mängel vorhanden sind. Hierzu definiert man im Vertrag, ab welcher Schwelle und/oder Häufigkeit Mängel für eine Abnahme noch zugelassen werden.

Wird die Abnahme trotz vorhandener Mängel erteilt, macht der Auftraggeber dem Auftragnehmer Auflagen, wann spätestens die Mängel beseitigt sein müssen und behält einen angemessenen Geldbetrag ein. Die Restzahlung erfolgt, wenn die Mängel nachweislich beseitigt sind.

3.9.6 Teilabnahmen

Softwareprojekte werden zweckmäßig in Phasen der Realisierung unterteilt. Für Auftragnehmer wie Auftraggeber bringt es Vorteile, wenn jede Phase für sich abgenommen wird. Für den Auftragnehmer werden Teilbeträge fällig und für den Auftraggeber verteilt sich der Abnahmeaufwand.

Sämtliche Darstellungen, die bislang für die Abnahme ausgeführt wurden, gelten analog für Teilabnahmen. Die letzte Teilabnahme wird dann als „Schlussabnahme" durchgeführt. Hier wird der Gesamtzustand der Lieferung geprüft und geklärt, ob gemeldete Mängel beseitigt sind.

Klargestellt werden sollte der Beginn der Softwarewartung mit der Schlussabnahme des Projektes!

3.10 Produktivsetzung

Wenn mit dem Softwareprojekt erstmalig Abläufe auf IT-Unterstützung umgestellt werden, ist die Produktivsetzung weniger kritisch. Hier hat man genügend Zeit, das Produktivsystem aufzubauen, es zu testen und dann nach erfolgreichem Test für die Praxis freizugeben.

Viel komplizierter ist der Umstieg einer bestehenden Anwendung auf eine neue (Abb. 3.21). Hier muss ein reibungsloser Wechsel vollzogen werden. Idealerweise wird das

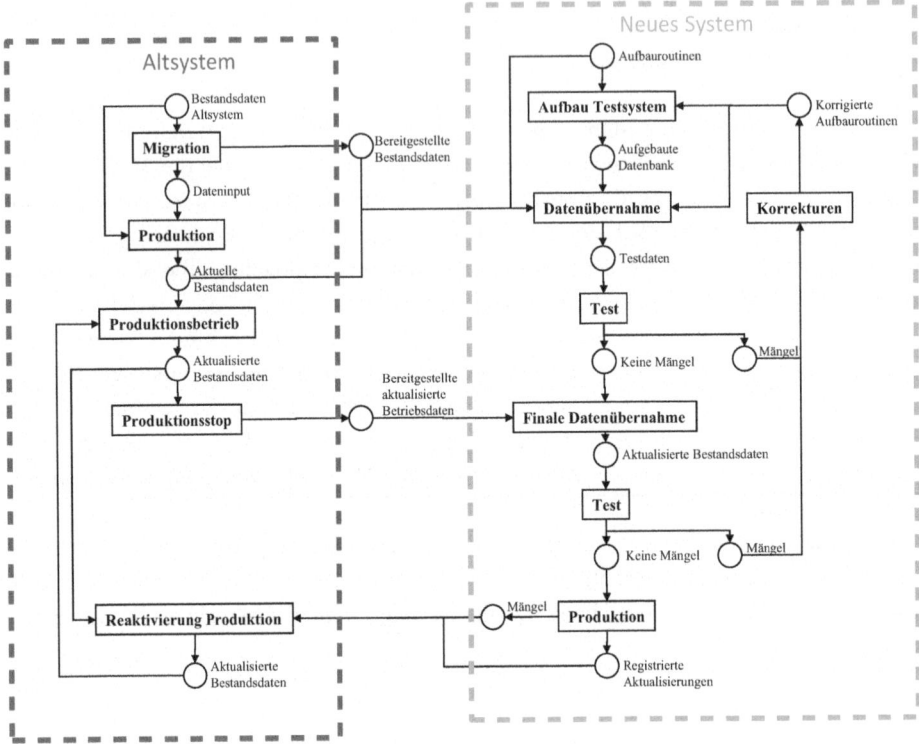

Abb. 3.21 Produktionsumstieg

Projekt folgendermaßen aufgebaut:

- Es wird ein Testsystem installiert, das sukzessive auf den Ausbaustand des zukünftigen Produktivsystems gebracht wird.
- Vom bestehenden System werden Datenabzüge gemacht, die dann über Migration in das Testsystem überführt werden.
- Testsystemaufbau und Datenmigration brauchen wahrscheinlich mehrere Iterationen, bis ein stabiler Zustand erreicht wird. Die Installation des Testsystems und die Datenmigration sollten jeweils automatisiert erfolgen.
- Wenn die automatischen Installationen ein stabiles System mit qualitativ guten Daten ergeben haben, sollte der Aufbau des zukünftigen Produktivsystems erfolgen und abschließende Tests durchgeführt werden.
- Sind die Tests erfolgreich, wird während einer Zeit geringer Produktion (z. B. Wochenende) das bestehende Produktivsystem gestoppt und die vorhandenen Daten ausgespielt. Diese Daten werden in das neue Produktivsystem mit denselben Routinen migriert, die auch beim Testsystem erfolgreich waren. Das neue System wird statistischen Tests und Stichproben unterzogen. Sind diese Tests ohne Mängel, wird das neue System für die Produktion freigegeben.

- Im Idealfall werden die in das neue System eingebrachten Daten eine bestimmte Zeit registriert. Das Altsystem bleibt zur Sicherheit noch erhalten. Sollte sich zeigen, dass das neue System noch solche qualitativen Mängel hat, dass es nicht in Produktion bleiben kann, kann auf das alte System wieder zurückgegriffen werden. Bei zeitkritischen Anwendungen würde man jetzt für Routinen gesorgt haben, die die seit dem Produktionsumstieg registrierten Daten in das alte System einbringen. Falls sich diese Entwicklung wirtschaftlich aber nicht lohnt, müssen die Daten neu eingegeben werden.

3.11   Projektabschluss

Der Abschluss eines Projektes wird in der Praxis oft zu rasch behandelt. War das Projekt erfolgreich, wird die Abschlussveranstaltung angestrebt, um wieder zu den normalen Aufgaben zurückzukehren. Gab es Schwierigkeiten, möchte man es so schnell wie möglich abschließen. Natürlich ist es verständlich, sich nach den Anstrengungen eines Projektes ein wenig zurücknehmen zu wollen. Aber in der Bearbeitung des Projektabschlusses stecken noch viele wichtige Elemente, deren Nutzen man sich nicht entgehen lassen sollte.

3.11.1   Projektbewertung

Für das Projekt wurden zu Beginn Ziele definiert. Jetzt ist es an der Zeit, zu diesen Zielen Stellung zu nehmen. Diese Stellungnahme findet in Form eines Projektabschlussberichtes statt. Der Projektabschlussbericht beinhaltet:

- eine Darstellung, inwieweit die Projektziele erreicht wurden im Bezug auf
  - die Leistung,
  - die angefallenen Kosten,
  - die Einhaltung von Terminen,
  - die Qualität.
- bei Abweichungen von den Projektzielen die dafür ausschlaggebenden Gründe;
- die Darstellung, wie die Übergabe in den Praxisbetrieb stattfindet;
- die Übersicht über evtl. notwendige Restarbeiten;
- die Darstellung über evtl. noch zu erfolgende Korrekturlieferungen des Auftragnehmers mit den dafür einbehaltenen Rückstellungen für Gewährleistungen;
- die Zusammenstellung des tatsächlichen internen Personalaufwands;
- die Leistungsbewertung des Auftragnehmers;
- die Ursachenanalyse von Planabweichungen und
- die Erfahrungen und Konsequenzen für Folgeprojekte.

3.11.2 Erfahrungsverarbeitung

Unabhängig vom Ergebnis des Projektes: aus jedem Projekt können Lehren gezogen werden. Diese sollten genutzt werden, um die Projektorganisation, die Projektabwicklung und das Qualitätsmanagement zu verbessern. Softwareprojekte kommen schließlich mit einer mehr oder weniger großen Häufigkeit vor.

In der Praxis führen neue Projekte oft zu einem kompletten Neubeginn des Projektmanagements. Selbst innerhalb eines Unternehmens findet vielfach kein Austausch der entwickelten Methoden, genutzten Werkzeuge und der gemachten Erfahrungen statt. Hierdurch versiegt ein mühevoll erarbeitetes Wissenspotenzial, was die internen Aufwände für das Projektmanagement unnötig verteuert.

Der Projektleiter sollte deshalb mit seinen Mitarbeitern die Erfahrungen zusammentragen und Verbesserungen entwickeln. Die Ergebnisse dieser Arbeit sollten einfließen in:

- das QM-Handbuch,
- die Verfahrensabläufe,
- das Testkonzept und die Testfälle und
- die Dokumentendatenbank.

Mit diesen Unterlagen kann ein späteres Softwareprojekt wesentlich schneller und gezielter bearbeitet werden.

Besonders größere Unternehmen sollten überlegen, ob es nicht wirtschaftlich sinnvoll ist, eigene Kräfte für das Projektmanagement von Softwareprojekten aufzubauen und zentral bereitzustellen. Auf diese Weise kann man die Erfahrungen bündeln und qualifizierte Mitarbeiter für Projektarbeiten bereitstellen.

3.11.3 Übergabe

Mit dem Projektabschluss muss die Übergabe des Projektes in den Praxisbetrieb geregelt sein und durchgeführt werden. Das Projekt muss sicherstellen, dass

- Infrastruktureinrichtungen und Prozesse für den Praxisbetrieb eingerichtet sind;
- die Organisation für den Praxisbetrieb aufgebaut wurde;
- Mitarbeiter für den Betrieb des Systems qualifiziert wurden und bereitstehen;
- alle relevanten Unterlagen fertig gestellt sind und an die übergeben werden, die den weiteren Betrieb des Systems übernehmen;
- die Verantwortlichen für den Praxisbetrieb eingewiesen wurden;
- klargestellt wird, welche Restarbeiten noch anstehen und wer für welche Arbeiten zuständig ist sowie welche Termine für ausstehende Restarbeiten gelten;
- die Betreuer des Systems über alle vertraglich wirksamen Notwendigkeiten und Folgewirkungen in Kenntnis gesetzt werden.

Zu diesem Zweck findet eine formale Übergabe statt. Die projektspezifischen Dokumente werden archiviert. Dokumente und Datenbanken, die während des Projektes aufgebaut wurden und für die Praxis weiter eingesetzt werden sollen, werden übergeben, in die Praxisorganisation eingebaut und entsprechend weiter gepflegt und genutzt.

Mit der Übergabe wird der Projektleiter von seinen Aufgaben entlastet und gibt die Verantwortung an den Praxisbetrieb ab.

Weiterführende Literatur

Bundesministerium des Innern: UfAB V Unterlage für Ausschreibung und Bewertung von IT-Leistungen. www.cio.bund.de/DE/IT-Beschaffung/UfAB/ufab_node.html 2010

Eigner, Martin; Maier, Helmut: EVB-IT. Hanser Verlag 1985

Klemmer, Wilfried: GIS-Projekte erfolgreich durchführen. Bernhard Harzer Verlag 2003

Klemmer, Wilfried: Schlechte Qualität der Lieferung von DV-Auftragnehmern – was kann man dagegen tun? http://www.r-plus-s-consult.de/de/Ratgeber/index.php

Klemmer, Wilfried: Festpreis – was man beachten sollte! http://www.r-plus-s-consult.de/de/Ratgeber/index.php

Klemmer, Wilfried: Die Abnahme von DV-Leistungen. http://www.r-plus-s-consult.de/de/Ratgeber/index.php

Klemmer, Wilfried: EDV-Verträge Wichtige Ratschläge. http://www.r-plus-s-consult.de/de/Ratgeber/index.php

Klemmer, Wilfried: Die Beschaffung von Software – Tipps und Hintergründe. http://www.r-plus-s-consult.de/de/Ratgeber/index.php

Klemmer, Wilfried: Softwareprojekte erfolgreich realisieren. http://www.r-plus-s-consult.de/de/Ratgeber/index.php

Lachnit, Laurenz: Controllingkonzeption für Unternehmen mit Projektleistungstätigkeit. Verlag Vahlen München 1994

Madauss, Bernd J.: Handbuch Projektmanagement. C.E. Poeschel Verlag Stuttgart 1991

Mees, Jan; Oefner-Py, Stefan; Sünnemann, Karl-Otto: Projektmanagement in neuen Dimensionen Gabler Management. Gabler Wiesbaden 1995

Reichel, Egbert-E.; Siegrist, Norbert H.: EDV-Verträge richtig gestaltet. FBO Verlag 1993

Zingel, Harry: Kritische Anmerkungen über ISO 9000 http://www.gruenderlexikon.de/magazin/kritische-anmerkungen-ueber-iso-9000

Entwicklung des Software-Projektmanagements

Da Unternehmen zwingend auf die Unterstützung von Softwareapplikationen angewiesen sind, bleibt ihnen nur die Möglichkeit zu entscheiden, ob und wie man das Projektmanagement für Softwareprojekte entwickeln möchte. Angesichts der dargelegten Risiken solcher Projekte gibt es eigentlich nur zwei sinnvolle Strategien:

- Vergabe an entsprechend qualifizierte Unternehmen oder
- Aufbau von eigenen Fachkräften.

Ereignisorientiert einen Mitarbeiter aus dem Fachthema, für das das Softwareprojekt realisiert werden soll, als Projektleiter zu ernennen, ist auf lange Sicht nicht zielführend. In der Regel haben diese Mitarbeiter keine Ausbildung für das Softwareprojektmanagement und die über das Projekt erworbenen Erfahrungen werden unternehmerisch nicht weiter genutzt, weil beim nächsten Softwareprojekt ein anderer Mitarbeiter Projektleiter wird.

Die Darstellungen in diesem Buch machen deutlich, dass

- Softwareprojektmanagement eine eigene Fachdisziplin ist;
- zur erfolgreichen Bewältigung des Themas entsprechend qualifizierte Personen eingesetzt werden müssen und
- im Rahmen eines Projektes aufgebaute Qualifikationen, Abläufe, Dokumente und Erfahrungen sinnvoll für weitere Projekte genutzt werden können. Dadurch können Folgeprojekte günstiger umgesetzt und die Projektrisiken wesentlich reduziert werden.

Deshalb sollte unternehmerisch entschieden werden, welche der beiden oben angeführten Varianten für das jeweilige Unternehmen optimal ist.

4.1 Vergabe an qualifizierte Unternehmen

Entscheidet sich das Unternehmen, das Softwareprojektmanagement zu vergeben, sollte die Vergabe zwei Aspekte berücksichtigen:

- die eigentliche Projektmanagementaufgabe und
- den Aufbau der für das Softwareprojektmanagement notwendigen Abläufe und Festlegungen.

Das Projektmanagement wird dabei entweder begleitend beratend oder verantwortlich übernehmend vom beauftragten Dienstleister durchgeführt. Der Projektleiter des Auftraggebers tritt dann rein organisatorisch als Projektleiter gegenüber dem Auftragnehmer auf. Die eigentlichen Projektmanagementarbeiten werden an den Dienstleister delegiert. Der Projektmanager des Auftraggebers muss in engem Kontakt zu seinem Dienstleister stehen und die Arbeiten des Dienstleisters kontrollieren.

Sehr sinnvoll in dieser Konstruktion ist die Entwicklung eines QM-Handbuches für das Softwareprojektmanagement nach dem Muster des Kap. 3.6.8 zum Zeitpunkt der Erstellung der Ausschreibungsunterlagen. Dies hat folgende Vorteile:

- Einmalig werden die Abläufe, Strukturen, Dokumente und Werkzeuge definiert und bereitgestellt, die für alle folgenden Softwareprojekte mit nutzbar sind.
- Das QM-Handbuch kann vertraglich mit eingebunden werden.
- Direkt zum Beginn der Projektrealisierung steht das notwendige Umfeld des Projektes fest und braucht nicht mehr entwickelt werden. Die so eingesparte Zeit kann für die eigentlichen Projektarbeiten genutzt werden.
- Eindeutige Regeln und Abläufe sichern die Rechtsposition des Auftraggebers und vermeiden Missverständnisse.

Durch die Konzentration auf das reine Projektthema werden die Vorteile, die die Erstellung und Nutzung eines QM-Handbuches bringt, in den meisten Fällen nicht gesehen. Diese Einsicht wird sich aber im Laufe des Projektes einstellen, da letztlich das Projekt Realisierungsregeln finden muss. Wenn man schon nicht die Chance ergriffen hat, das QM-Handbuch zum optimalen Termin zu erstellen, ist es immer noch sinnvoll und nützlich, es zu einem späteren Zeitpunkt nachzuholen.

Neben der Verwendungsmöglichkeit für alle folgenden Softwareprojekte sichert sich der Auftraggeber dadurch auch die gewonnenen Erfahrungen. Sollte er später einmal seine Strategie ändern und eigene Kompetenzen aufbauen wollen, hat er durch das QM-Handbuch eine sehr gute Grundlage.

4.2 Aufbau von eigenen Fachkräften

Softwareprojektmanagement ist in der Form, wie es für Auftraggeber benötigt wird, nicht Inhalt von Berufsausbildungen. Im Bereich der Informatik wird auf dieses Thema eingegangen. Hier liegt der Fokus aber mehr auf dem Projektmanagement für die Entwicklung von Software.

Wenn sich also ein Unternehmen entscheidet, eigene Fachkräfte für das Softwareprojektmanagement aufzubauen, muss es auch eigene Strategien zur Kompetenzentwicklung verfolgen. Grundsätzlich eignen sich hierfür Mitarbeiter, die

- schon Erfahrungen mit solchen Projekten gesammelt haben;
- Ausbildungen haben, die allgemein Projektmanagement zum Inhalt hatten oder
- aus dem IT-Bereich kommen und sich für die praktische Umsetzung von Softwareapplikationen interessieren.

Der nächste wichtige Schritt für geeignete Mitarbeiter ist die Erlangung methodischer Kompetenz. Der Projektmanager braucht ein methodisch durchgängiges Gerüst, wie Softwareprojektmanagement optimal organisiert wird. Hierzu wird das Studium einschlägiger Literatur empfohlen. Projektmanagement Seminare sind dann geeignet, wenn sie tatsächlich auf die Methodik des Projektmanagements eingehen und diese einüben. Zu oft wird lediglich auf die Handhabung von Projektmanagement-Software fokussiert.

Wenn der Mitarbeiter über das notwendige theoretische Wissen verfügt, muss er praktische Erfahrungen erlangen. Idealerweise arbeitet er dann als Assistent eines erfahrenen Projektmanagers und übernimmt allmählich eigene Projekte.

Alternativ kann auf externe Software-Projektmanager zurückgegriffen werden, die über Coaching Szenarien den angehenden Projektmanager unterstützen.

Weiterführende Literatur

Klemmer, Wilfried: GIS-Projekte erfolgreich durchführen. Bernhard Harzer Verlag 2003
Klemmer, Wilfried: Schlechte Qualität der Lieferung von DV-Auftragnehmern – was kann man dagegen tun? http://www.r-plus-s-consult.de/de/Ratgeber/index.php
Klemmer Wilfried: Softwareprojekte erfolgreich realisieren. http://www.r-plus-s-onsult.de/de/Ratgeber/index.php
Lachnit, Laurenz: Controllingkonzeption für Unternehmen mit Projektleistungstätigkeit. Verlag Vahlen 1994
Madauss, Bernd J.: Handbuch Projektmanagement C.E. Poeschel Verlag Stuttgart 1991
Mees/Oefner-Py/Sünnemann: Projektmanagement in neuen Dimensionen. Gabler Management 1995

Glossar

Abnahme Ablauf zur Feststellung der Lieferqualität

ADB Anforderungsdatenbank

Ausschreibungsunterlagen Gesamtheit der Anforderungen an das Produkt und die Dienstleistung

Ausschreibungsverfahren Gesetzlich oder betrieblich definierter Ablauf für den Einkauf von Waren oder Dienstleistungen

Bietergemeinschaften Zusammenschlüsse mehrerer Unternehmen zwecks gemeinsamer Abgabe eines Angebots im Rahmen einer Ausschreibung und späterer Leistungserbringung.

Change Management Entwicklung und Steuerung von Veränderungsprozessen in der Unternehmensorganisation

Change Request Formalisierte Änderungsanforderung

Complianceregelungen Gesetze, Richtlinien und freiwillige Kodizes für Verhaltensmaßnahmen in Unternehmen

Controlling Konzept zur Wirkungsverbesserung der Unternehmensführung

Customizing Konfiguration einer Standardsoftware auf die Belange des Auftraggebers

Datenersterfassung Maßnahme zur initialen Befüllung eines Softwaresystems

Datenkonsistenz Widerspruchsfreiheit und Vollständigkeit zusammengehöriger Datenbestände

Datenmigration Überführung von Daten von Quellsystemen in das Zielsystem

Datenmodell Abbildung der Wirklichkeit in Datenstrukturen und –organisationen zur Herstellung einer geordneten und funktionalen Informationsstruktur des Informationssystems

(Daten-)Modellierung Vorgang zur Erstellung eines Datenmodells

Datenstruktur Inhaltliche und formale Beschreibung von digitalen Informationen für deren zweckgebundene Speicherung und Bearbeitung

DDB Dokumentendatenbank

Design Hier: konzeptionelle Entwicklung des zukünftigen Standes

Dokumentenmanagementsystem Softwareanwendung zur Verwaltung von Dokumenten

EU-Amtsblatt Zeitschrift der Europäischen Union für u. a. Bekanntmachungen öffentlicher Aufträge in allen Amtssprachen

W. Klemmer, *Softwareprojekte erfolgreich managen,*
DOI 10.1007/978-3-658-05598-1, © Springer Fachmedien Wiesbaden 2014

EVB-IT Ergänzende Vertragsbedingungen für die Beschaffung von IT-Leistungen

Fachgespräch Termin zur Klärung von unverständlichen Darstellungen in einem Angebot

Feinspezifikation Detaillierung der Spezifikation unter Berücksichtigung der Möglichkeiten eines konkreten Softwareproduktes

Freigabe Hier: Erklärung der Fertigstellung von Arbeiten

Funktions/Leistungsspiegelung Ableitung der Softwareanforderungen aus Arbeitsabläufen

Generalunternehmen Unternehmen, das sich zur Erfüllung des Auftrages anderer Unternehmen (Subunternehmer) bedient

Geschäftsprozess Ein Element der Wertschöpfung im Unternehmen;Zusammenfassung von mehreren Arbeitsschritten

ISO 9001 ff. Europäische Normenreihe, die die Grundsätze für Maßnahmen zum Qualitätsmanagement dokumentiert

IT Informationstechnik, Informationstechnologie

Kick off Vertraglich definierter Starttermin des Projektes

Konsortium Die befristete oder auch unbefristete Vereinigung mehrerer rechtlich und wirtschaftlich selbstständig bleibender Unternehmen zu einer Gesellschaft bürgerlichen Rechts zur Durchführung eines vereinbarten Geschäftszweckes

Kritische Erfolgsfaktoren Notwendige Bedingungen, die zum Erfolg erfüllt werden müssen

Mangel Abweichung der Ist-Beschaffenheit einer Sache oder Leistung von der vertraglich geschuldeten Soll-Beschaffenheit

Mängelklasse Kategorisierung von Mängeln nach ihrer Schwere

MDB Mängeldatenbank

Migration Hier: Übergang von einem Alt- zu einem Neusystem

Nachprüfungsverfahren Zentrales Element des Vergaberechts in seiner europarechtlichen Prägung zur Überprüfung der Einhaltung der Bestimmungen über das Vergabeverfahren

Normierung Hier: Herstellung von Vergleichsrelationen

Patch Auslieferung einer Fehlerbehebung für ausführbare Programme

PC Personal Computer

Pönale Vertragsstrafe

Produktivsystem Die im betrieblichen Einsatz befindliche Softwareanwendung

Projekt Abfolge von einmaligen, komplexen und voneinander abhängigen Tätigkeiten, die ein Ziel haben und zu einer bestimmen Zeit, mit vorgegebenen Mitteln und vorab festgelegter Spezifikation fertig gestellt sein müssen.

Projektmanagement Planung, Steuerung und Überwachung von Projekten

Prozessmodell Konzeptioneller Entwurf von Arbeitsabläufen

QM-Handbuch Anleitung für das Qualitätsmanagementsystem

Qualitätsmanagement Organisationssystem, das sicher stellen soll, dass Güter, Dienstleistungen und Prozesse den Anforderungen entsprechend abgearbeitet werden.

Redundanz Mehrfaches Vorhalten einer gleichen Information

Release Freigabe einer Hard- oder Softwareversion

Rückabwicklung Wiederherstellung eines Zustandes vor Vertragsabschluss

Softwareprojekt Maßnahme zur Einführung, Erweiterung oder Umgestaltung betrieblich genutzter Software

(Software-)Spezifikation Hersteller neutrale Definition der Anforderungen an eine Software

Systempflege Hier: Maßnahmen zum Erhalt der Betriebsfähigkeit der Software

TDB Testdatenbank

Teilnahmeantrag Bewerbung eines Anbieters um die Zusendung von Ausschreibungsunterlagen

Template Dokumentenvorlage

Testfall Maßnahme, wie die Lieferung einer Anforderungslösung überprüft wird

Testkonzept Methodik der Überprüfung von Lieferungen

Testsystem Ein für Testzwecke aufgebautes, dem Produktivsystem gleiches System

Update Erweiterung des bestehenden Funktionsumfangs von ausführbaren Programmen

Vergabegespräch Verhandlungstermin im Ausschreibungsverfahren

Workflow Arbeitsablauf

Zuschlag Zivilrechtlicher Vertrag zwischen Auftraggeber und –nehmer über die ausgeschriebene Leistung

Sachverzeichnis

The manufacturer's authorised representative in the EU is Springer
Nature Customer Service Centre GmbH, Europaplatz 3, 69115 Heidelberg,
Germany. If you have any concerns regarding our products, please
contact ProductSafety@springernature.com

Printed and bound by CPI Group (UK) Ltd, Croydon, CR0 4YY
28/04/2026
02098481-0015